相棒の手風琴を抱えた河村正雄(著者)

JN133789

河村正雄の日記
2008年、一巻目の日記が見つかる

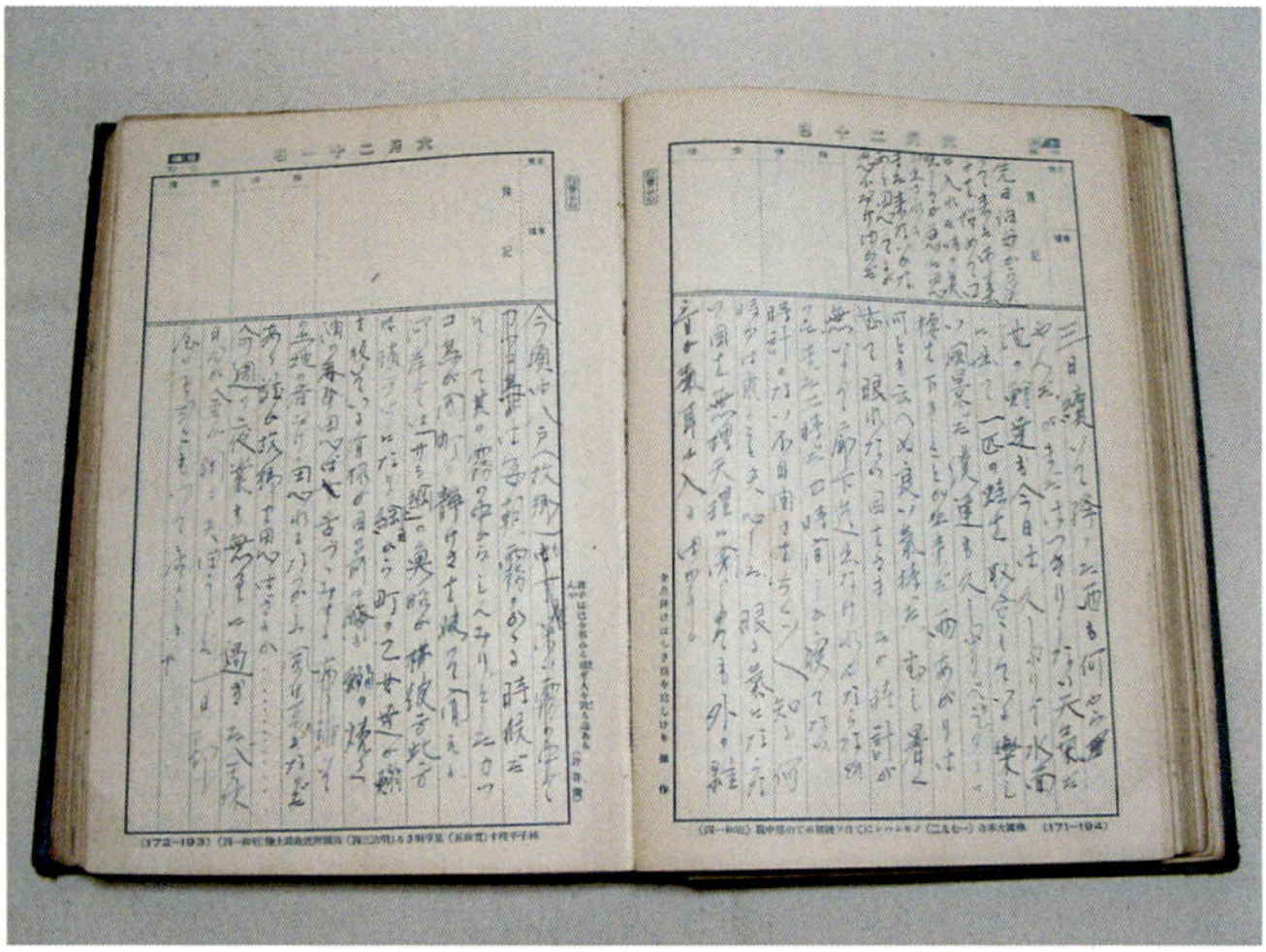

2017年、兄・與一郎の通夜のさなかに、二巻目の日記が見つかる

前列左から兄・與一郎、姉カツの長子・喜八、そして正雄。
後列に立つのは姉カツ。撮影は帰省時に八戸の写真館にて
（本書255ページ12行目を参照）

ひとりぽっちの戦争

日記１９４１―１９４４

呉海軍工廠水雷部
河村正雄

ひとりぼっちの戦争　目次

題字　河村悟

一九四一年、十八歳の「日記」をひらく読者のために――

河村悟（詩人）

本ドキュメントは戦時中、呉海軍工廠《くれかいぐんこうしょう》に徴用されて働いていた少年の日常と揺れうごく感情を綴った日記であり、幼くして両親を失くした少年と兄姉《きょうだい》の親密圏で交された物語です。

終戦の年、一九四五年にフィリピンの地で戦死した彼の日記帳は、七三年の歳月を経て、少年が深く慕っていた兄の死によって、封印を解かれることになりました。

映画と手風琴《アコーディオン》の演奏と食べることがなにより好きで、日記を書くことに情熱を燃やすこの少年は、しかしどんな力もなく、ときに他人と自分の境遇を比べて悲観し、みずからの無力さに憤ります。仕事の辛さや寮生活の苦労を吐露しつつ、友人や家族との楽しかった故郷の海辺の日々を追想し、将来の希望をのぞかせます。

少年は十四歳で東北地方の故郷からひとり引き離され、大阪の「青年学校」に入学、卒業するまでの四年間、軍需工場で働く少年工員として寄宿舎生活を送ります。

日記の冒頭は青年学校卒業の年にあたる一九四一年元旦、少年はまもなく十八歳になろうとしていました。

呉海軍工廠に徴用され大阪から呉に移った後も、昼夜交代の激務に耐えながら、毎日のように日記を書き綴っています。二年目以降は断続的になるものの、長文が目立つようになり、そうしておよそ三年有余のあいだ、日記は書かれ続けました。一九四四年三月、召集令状が届くその日まで――。

日記を読みすすめていくうちに、いくつか目に留まった語句を声に出して読んでみました。そのことばを、つぎに挙げておきます。(字切りは一部変えています)。

指先に
キリキリする

雪も降る
いいのだ
今日は旧正月だった

吹雪だ吹雪だ
道なき道なきだよ
もう四日

諦めて
海岸でうっとりする
日を浴びながら
向こうの山の花も
白く春

真暗な洗面所でただ水音ばかり聞える。

金一銭も送った事なし
南方にでも行きたいな
　赤道越えて

ここに抽き出してみた日記のことばは、短い律動《リズム》の型に生け捕られた詩語なのではないでしょうか。少年は苛酷な労働と、それにも優《まさ》る厖大な沈黙のヴォリュウムの内側で急速に少年詩人に成長していったと思われます。

ふとんにもぐり込むことを「夢を結ぶ」と言って憚らない少年詩人は算数ができなかった。鏡を見るたびに顔に残った痘瘡の跡を気にしていた。いつも腹痛を起し、悪い咳に怯えていた。正義感が強く優しいことと、「軍国少年」であることが矛盾するものではなかった時代の、どこにでもいそうな少年でした、孤児同然の身の上であることを除けば――。

少年はいつも、いまにも泣き出しそうなほど惨めな気持ちでした。悔しかったのです。自分が他者に対し、未だ喜んでもらえるような〈贈物〉ができていないことに。無力な自分が腹立たしくてなりませんでした。

それにも拘わらず、少年はじぶんの頭上を通り過ぎていった希望を信じていたように思われます。待っても待っても故郷から返信が来ないとき、少年を激励してくれたのは、「誰からでも来る手紙」でした。この謎の手紙については、わたしたちが自由に想像してみるしかありません。明らかなことは、彼にとってこれはなにより待ちかねた希望の手紙であったということです。

最後に、日記の「終章」について触れておかなければなりません。

「終章」はそれまでの日記文とは様相を異にした、独立した「紀行文」として書かれています。召集令状を受け取った後、急いで寄宿舎に戻って一気に書き起した文章と思われます。自筆原本を見ると、すでに綴られてしまった日記の処々に存在する余白に書き込まれ、文は余白から余白へ飛び移っていきます。

「今日のこの休暇を永久にこの日記に残す」

突如、文頭でこう宣言して書き出す矜持は、おそらく彼の生きてきた時間のなかではじめてのことではなかったでしょうか。きっぱりとしたこの一行の意思表明は、彼自身の心的負債を返済し、自分の記憶を苦悩の源泉から解放する予徴《エンブレム》なるものです。

日記はけっして慰みの薬ではありません。新しい自己認識の原点を創出する種子の苗床であるというべきでしょう。

彼は六年ぶりに十日間の休暇を得て帰省した折、真っ先に父母の名が刻まれた墓石の前に立ち、帰省の報告をしました。あんなこと、こんなこと、一切合切。それを八文字のことばに縮約して、異例ともいえる紀行文のなかに忍ばせました。

「人生は馬鹿である」

この八文字を見て、生意気なことを言う若造だと、わたしたちは一笑に付すこともできるでしょう。しかし、不遜ともいえることばの結び目に、ひたむきな素志の他になにひとつ所有するもののない若者の痛魂の叙事詩が秘されていると思われてなりません。

一九四一年、十八歳。彼は日記を披《ひら》くたび、日を覆い隠す海霧の向こうに、生のかなたの匂いを嗅ぎとっていました。生家の屋根がはるか眼下に眺められる、故郷の御前《みさき》に立ち尽くしたた今も――。

序にかえて

たびかさなる冷害と凶作に打ちのめされていた東北地方。

そこに一九三三年（昭和八年）三月三日午前二時三〇分頃、太平洋岸の三陸沖を震源とするマグニチュード八・三の地震が発生。十メートルを越す巨大津波が襲った。

死者三〇〇八人、家屋流出四九一七戸。

さらに翌年、大凶作に見まわれ、東北地方の人びとの暮らしは惨状を極めた。

窮乏の果てに木の皮を剝ぎ、それを食べて飢えをしのいだ人びともいた。

そんな最悪の年が明けて――。


一九三五年（昭和十年）四月。

成立して二年目の海軍大将岡田啓介内閣の時代である。

政府は軍需産業の労働力不足を補う意図の下、さらなる生産力の増強に向けて、従来からある青年訓練所と実業補習学校を統合する「青年学校令」を公布した。

対象とされたのは、十二歳から十九歳までの青少年のうち、尋常小学校（のちに国民学校初等科）卒業後、旧制中学校・高等女学校・実業学校に進学せず、家業や職業に従事していた人びと。

法令は公布されて半年後に施行され、十月一日、公立・私立を問わず、全国各地に一万七〇〇〇校の「青年学校」が誕生した。

授業料は原則、無料だった。

こうして新たに設立された「青年学校」に、文部省と陸軍省は協力体制の下で「軍事教練」の役割を負わせた。

制度の上では「青年学校」は教育機関であったが、国民の生活と経済を官僚統制化に措《お》く戦時体制の迫りくるなか、「軍事教練」は厳しさを増し、教育内容は紛れもなく空洞化した。

そして二年後の一九三七年（昭和十二年）、七月七日の盧溝橋事件に端を発して日本と中国は全面戦争に突入。翌年、四月、第一次近衛文麿内閣時代に公布された「国家総動員法」が決定的に、国民全体を戦時体制の軛《くびき》に繋いだ。

この統制の手綱を近衛内閣から受け継いだのが、司法界に巨大な勢力を築く前枢密院議長・平沼騏一郎《ひらぬまきいちろう》内閣である。右翼団体国本社《こくほんしゃ》の首領としての顔をもつ平沼騏一郎とその内閣は、軍需生産力の拡充をテーマに妄信的な「国民精神総動員運動」を推し進めた。

一九三九年（昭和十四年）の「国民徴用令」公布と、同年に改正された「青年学校」入学の義務化によって、それぞれの生の景色は悉く、窓のない檻のなかで見る夢に変えられた。

青少年の逃走本能は目覚める前に打ち砕かれた。

それから六年、新たに「国民勤労動員令」が下り、そのなかに「国民徴用令」も統合され、なにもかもが「労働力の根こそぎ動員」として糾合されることになった。

一九四五年（昭和二〇年）、本土決戦の準備に向かっていた五月——。

政府は「戦時教育令」を発令し、最後の決戦に向けて「青年学校」に授業の無期限の停止を命じる。公布されて十年とひと月だった。

「青年学校」の時は、永久に止まった。


この『日記１９４１—１９４４』（表題『ひとりぽっちの戦争』）は「青年学校」に入学し、軍需工場で働く青森県出身の一未成年者によって断続的に書き綴られた手記である。「日記」の書かれた時期は、大阪の青年学校時代に始まり、徴用により呉海軍工廠に従事した三年有余、召集令状が来るまでの期間にわたる。

冒頭の書き出しは一九四一年（昭和十六年）元旦から始まる。

「日記」に登場する「僕等」は大阪に実在した「青年学校」の一つに寄宿生として通う「生徒」であり、時には夜を徹して軍需工場で働く若年の工員たちである——。

凡例

一、本書は河村正雄が著した『日記』二巻の自筆原本を底本とした。

一、二巻の日記を、第一章から第五章および終章に章立てし、拾遺を付した。その際、文章の順序を入れ替え、読みやすく整序した箇所がある。

一、一九四一年の「第一章」から一九四三年の「第四章」までの文章は、あらかじめ日記帳本体の各頁に印刷されている月日にしたがった。一九四三年十月十五日から始まる「第五章」の文章の月日については、原文の文章に記された著者の指示にしたがった。「終章」には段落ごとに番号を付した。

一、出版にあたり、誤字・脱字等、明らかな誤りと認められる語句については正しい表記に改めた。また、適宜ひらがなを漢字に、漢字をひらがなに改めた。文章全体にわたって、句読点、送り仮名、助詞等を補足し、行送りを改めた。

一、歴史的仮名遣いを現代仮名遣いに改めた。引用された新聞等の記事についても同様に改めた。ただし、著者自作の詩歌および引用の詩は原本の表記にしたがった。

一、字画の複雑な旧字体は新字体に改めた。難読の漢字には適宜、ふりがなを付した。

一、内容上、補足説明を要すると思われる語句については〔　〕を付して本文中に補った。同様に、文意を通りやすくするために、（　）で括った語句を挿入した。詳しい説明を要するものは、注の番号を付して巻末の注解にまとめた。判読不能の文字には白マス（□）を充てた。

一、反復記号の「〱」「ゝ」は元の文字に復して表記した。

一、本文中には社会的な力をなんら持さない青少年の憤懣をぶつける表現もあるが、当時の時代背景や、著者の置かれた状況を伝えるために、原文のままとした。ただし、文脈上、かならずしも右の通りでないところもある。

ひとりぽっちの戦争

第一章　僕等の戦争　１９４１（昭和16年）大阪・木村青年学校時代

一月一日　水曜　晴

明くれば昭和十六年度の春が来て二千六百年(1)も夢のように過ぎ、僕等は緊張した元旦を迎えた。九時より会社(2)で年賀式を行う。生徒は全員参加。

本年度は自分が、真面目に働けないようだ。去年はこの正月をどれだけ楽しみにして働いたかわからない。正月過ぎから僕等に何の楽しむものがあろう？

一月二日　木曜　のち雨

正月だと云うのに丸山《まるやま》先生(3)は朝から来て僕等にゆっくりした自由をあたえない。去年より面白くない。決まって点呼《てんこ》後三十分は説教だった。気をもんでいる中《うち》に説教済んだ。

朝風呂に入り、食膳にむかう。好きな雑煮《ぞうに》を七杯食べた。

尼崎《あまがさき》外出梅田《うめだ》野田《のだ》(4)。

思う存分映画を見た。

一月三日　金曜　曇

怠けて朝の点呼に出ない者が無理に校長に起こされ、元始祭《げんしさい》(5)なのに遅く迄寝ているとは何たる事だと怒られた。年に一度の楽しい正月だのに、何で厳しく行動とるのだろう。校長よ、若い者の気も察してくれ給え。

（宿舎の）先生が東京に行ったと云うので明日は点呼なしだ。

【特記】今日は何処にも行かず舎ですき焼き。中食をすぐした。始めてでなかなか旨《うま》かった。

一月四日　土曜

先生は東京へ行ったし、今日こそは遅くまで寝てやれ。起床の鈴《りん》鳴っても知らん顔して寝ていたら先生の声がした。はっと目を覚まし気のせいかなと思って又寝た。暫《しばら》くして「起床！」と呼んだ。今のは確かに先生だと跳《は》ね起きて外に出た。昨日東京に行った筈《はず》の先生だったのだ。

正月も今日限りだ。明日からまた普通だ。

一月五日　日曜

出勤となれば僕等の気持ちは違う。正月気分も何処かへ消えて十六年度の仕事をするべく。やっぱり会社に出ても働く気になれない。職工はつまらない。機械部全部岡林《おかばやし》君〔寮生仲間〕のカメラに写してもらい、二時帰る。

一月六日　月曜
今日より又せっかくきれいになった手を汚して来年まで働かなければならない。嫌だ嫌だ。
岡林の顔見るのも嫌になる。
職工はこんなにつらいかな。
職業替えたい。

【特記】　本日より佃《つくだ》〔木村鉛工所のある町〕の白栄舎《はくえいしゃ》と云う洗濯屋に作業服は頼む事にした。上衣二枚、ズボン一。

一月七日　火曜　雨
社長[6]に愛用している機械は掃除をして光らして使えと言われた。
停電で一日中遊ばせてもらった。火のそばで読書していた。シトシト降る春雨の音、工場内の静けさをやぶってあっちにもこっちにも火を囲んで正月中の話に花咲かせている。

一月八日　水曜
仕事は送り[7]（を）かければひとりでに動くのでと自分は昨日言われた。機械を懸命に掃除していたら社長が来た。自分の後ろで何やら褒めていた。
学拝丸山先生の新体制。

一月九日　木曜

僕等の一番つらいのは朝ふとんから離れることだ。それで近頃は起床ベル鳴って十分でなかったら誰一人起きる者はない。先生も怒っているけど何にもならない。先生も若者の気も察して下さい。

一月十日　金曜

仕事をしていても気になるのは西舘《にしだて》先生に貸していた手風琴《てふうきん》(8)だ。十二月二十一日に東京に行ったが手風琴の事はそのまま何も言わずいまだに返事がない。俺の手に返ってくれれば良いけど。

一月十一日　土曜

大和田町《おおわだ》〔木村青年学校のある大阪市西淀川区にある町〕に行った。久しぶりで。

西舘さんの住所がわかって、すぐはがきを書く。

【特記】　洗濯屋が来る。

一月十二日　日曜

長く同じ釜の飯を共にし、昨年病気のため故郷に帰った久保田《くぼた》君、死んだとの御知らせ。あんなに体格の良い人が死ぬなんて僕等は信じられない。

【特記】　久保田寿一君、安らかに眠れ

一月十三日　月曜

工場を四時に終わり団体[9]の講演を聞きに中之島《なかのしま》公会堂に行った。

一月十四日　火曜

自分はもう少し頭が良かったら海軍に志願するのに。今から他人に訊《き》くのは恥ずかしい。今更乍《なが》ら、自分の学校時代何をしていたのだろう。只平凡（のまま）で世の中に出られただろうか。おばあさん〔祖母・まつゑ、著者を三歳より育てる〕が死んだ時、俺は屹度《きっと》勉強すると兄貴に言うたものの、俺を大阪に寄越《よこ》してくれた叔父《おじ》にも兄にも済まぬと思う。午前中は考え。

一月十五日　水曜

昨日（従兄弟《いとこ》の）鉄弥《てつや》[10]君から金送ってくれと手紙が来たが、生憎《あいにく》なかったのですぐ返事出した。

がっかりすることだろう。今日一日この事ばかりで胸はいっぱい。

一月十六日　木曜

本日ヨリ舎の昼食ヲ止《よ》シテ

会社に配給サル栄養食〔栄養補完食〕ヲ

昼ダケ食ベル事ニシタ。

定時になるとすぐ舎を飛び出し、杭瀬《くいせ》駅(11)迄走る。中之島公会堂に発表演奏会に行くために一寸《ちょっと》梅田新道の舗道を一目散に走った。後輩か公会堂□□□。

【特記】　点呼ニ遅レテ先生ニ怒られても構わないと決心して「出せ一億の底力」の発表演奏会に行った。

一月十七日　金曜

今朝も先生が来なかったが一体どうしている事だろう。水曜日の学科で頭が痛いと学校を早く帰ったが……？

今日は仕事を失敗した。それは自分の一番気の弱いところからだった。西平《にしひら》〔寮生仲間〕は仕事を止めてバイト研ぎ(12)に行った。それを見ていた僕は西平は行ったし仕事せねば駄目かと思いモーターを動かした。要らない事をチョコチョコするからだ。

【特記】西館さんに貸して何処かへ置き忘れたのだろうと諦《あきら》めていた僕の相棒手風琴が成田君の手によって発見された。

一月十八日　土曜

今朝もまた点呼怠けた。これも先生が来ないお蔭だった。先生の病気が重くならなければ良いが、人の前では先生をガンヂー(13)と言っているものの、僕もやっぱり先生の恩になっている。いざとなれば心配になる。

三時頃、突然機械が止まってしまった。さあびっくりしてギヤボックスの中を点検したが分からない。そのうちに時間が来て。

【特記】休憩時間、福島《ふくしま》さんが呼んだので行った。栄養食をくれた。その時一緒に昼食していた（人が）岡林《おかばやし》さんだ。

一月十九日　日曜

作業中、日向《ひなた》で中道《なかみち》君〔同郷の寮生仲間〕といろいろ身の上話している中に自分の将来の事を考えさせられた。故郷に帰っても親はいないし、他のものと違って何の楽しみがあろう。人は故郷に帰る。帰ると聞かされるとき、せめて片親だけでもいてくれたらなぁと思う。

日曜で全員定時。今日意気揚々と威張って帰れた。
【特記】 時計のゼンマイが切れたので修繕に大和田町の長尾《ながお》時計店に持って行った。二十二日出来上がり。

一月二十日　月曜

午後から風が吹き出してきた。戸の隙間《すきま》から冷風がヒューッと唸り、生じてくる雪と風が荒れくるう中《なか》でも教練[14]だ。銃持つ手の冷たさ。今にでも銃投げて逃げようと思った。しみじみと戦地の苦労有難さが分かった。教練が済んで今晩は徹夜だから、また作業服に着替えて機械を今晩中に修理しなければならない。

一月二十一日　火曜

六時半には仕事を終えて、火にあたって昨夜からひとつも眠らず今迄頑張ったのだ。徹夜でやったお蔭で今日は一人休ませてもらえる。舎に帰り静かな部屋でゆっくりと安眠する。自分乍《なが》ら。
僕等は公休日であったが、教練があるので四時に目を覚まして会社に走った。

一月二十二日　水曜

昨日一日寝ていようかと思ったが、教練があるので出来なかった。それで今朝点呼出ず、寝ていようと頑張っていたが先生が来たのでとうとう起きた。今日は仕事は無い、又ついでにという訳で修理だ。午後から雪降り出し教練中止。□□先生の訓話あり。六時に帰った。

双葉山〔第35代横綱〕、前田山に敗る。

【特記】　作業服、洗濯屋に出す。時計屋。

一月二十三日　木曜

点呼済んだ後、舎監《しゃかん》(15)が各部屋の生徒を写真で写してとの事。舎監室に集合、皆澄ましこんでいる顔はべつべつ違う。

あまり仕事に熱中していた為《ため》、教練の時間も忘れて教官に集合を催促されて初めて気がついて洗顔した。四時の集合は三十分になった。今日は広い野原で各個戦闘教練〔一人ずつの教練〕を行った。六時半に済んで工場の風呂に入る。

一月二十四日　金曜

今朝は起床のベル鳴ると、一二三《いちにさん》で起き、銃器室に行って愛銃の手入れをする。今度から毎朝実行やろうと思った。果たして出来るかどうか。

教練する時分は雨が止んで雲はもくもくとして流れている。分隊戦闘、教練査閲《さえつ》(16)が近いので何処の学校の生徒等も懸命にやっていた。

【特記】　点呼七時半

一月二十五日　日曜
夜中に目が覚めてもう何時頃だろうと思っていたら階下の食堂の時計は三時を打った。まだ三時かと心の中で思ってうつらうつらと夢の世界に走って行った。岡林さんが何処かへ行ったので西平は遊んでいた。僕等は毎日四時に終わって西平は一人で仕事している。ここぞとばかり奴《やつ》の遊んでいる間に一個仕上げてやろうと頑張ったが生憎《あいにく》又故障が起きた。修繕中（に）教練の時間だ。
教練科目
陣中勤務　手榴弾《しゅりゅうだん》の

一月二十七日　月曜
仕事は軍の仕事なので納期が遅れれば多大な罰金が取られるとのこと。今月中迄に仕上げねばならぬ。それで給料日で外の者が定時で帰る時、僕等は九時迄残業。

【特記】 舎友会の相談で夜の十一時過ぎ迄種々雑談。

一月二十八日　火曜

公休日の行事

一、宮城遙拝《きゅうじょうようはい》へ佃神社参拝

まず最初は鉄弥君に書留で金五円を送る。これで俺の心残りは無い。鉄弥君も喜ぶ事だろう。

一寸洗濯してその後阪急に行って印鑑を求めた。

【特記】

一、阪急百貨店に行って自動印を求め二月十一日に御届けする。

一、静岡県の鉄弥君　金五円也送

一月二十九日　水曜

愈々《いよいよ》査閲も迫って来た。僕等も大緊張。

一月三十日　木曜

明日だ、査閲は。生徒たちは総がかりで銃の手入れ。校舎の掃除繁く。

冷たい寒風は銃持つ僕等の頬をつんざく程、通っていく。たまには身ぶるいもする。冷たい砂の上、伏せなどのつらさは戦地勇士を思い出される。

六甲山は吹雪《ふぶ》いてでもいるのか。

【特記】　明（日）査閲

一月三十一日　金曜

今朝は珍しく洗面所の水戸《みと》〔蛇口〕が凍って洗顔するのに難儀した。冷たい風が窓をたたく。星はくっきりと冴えている。一同同列。校長を先頭に会社に向く。八時半に行事に移る。手袋はいても冷たい指はあるかないか全然分からなかった。一時から各個教練。僕等はあるだけ（の力を）絞り頑張ったが果たしてどうかな。

【特記】　卒業生最後の査閲受ける。　査閲官　浅山中佐殿

【補記】　無事今日も過したこと　亡き父母に対して感謝を捧げる

二月一日　土曜

久しぶりに今日は身軽で会社に通勤ができた。査閲も済んで重荷が降りた。勝瀬君と舎監殿に餅御馳走になり舎監殿の手柄話も夢中になる。静かな階下で時計は十時打ち、寒いのを頑張って七時迄居残りそのお蔭、仕事を失敗した。明日どうしてインチキしたら良い事かと一思案。

二月二日　日曜

幾《いく》ら早く起きようと思っても実行せれない。今朝も週番が何遍《なんべん》も来たが起きられなかった。暖かかったらこんな事がない筈。朝の点呼を怠ける者が多くなってきた。僕等の入った当時、規律正しかったが今は落ち目になった。

全員定時。

二月三日　月曜

ブラケット(17)も午前中には終わり、今度は又五日の中に五個出来《でか》さなきゃならない。スロッター(18)とシカル(19)でジャンジャン削って一時頃から仕事にかかって五時迄に二分の一やった。徹夜なので舎にて腹拵《はらごしら》えして、八時には一個出来た。そしたら西平は十二時までに二個やったらいいからゆっくりやれと仕上げのストーブにあたっている。俺は大丈夫かと思っていたらその結果時間がない。仕上げや旋盤はモーター止め休んでいる。俺だけだ。西平は慌てて無茶苦茶にやってから一時には二個出来た。今度は寝る番だ。鉛管場《えんかんじょう》(20)からも持って来てまるで豚小屋みたいにしてごろ寝《ね》。寒くて眠られず。

【特記】與之助伯父からするめ送ったとの由、ハガキが来た。

二月五日　水曜

この頃朝も一寸暖《あった》かくなって来たような感じがする。今までどんな寒さにあっても足袋《たび》は履《は》かないで通した。まだまだどんな寒さがやってくるかしれない。品物を削るバイトの切れ味じっとみていると亡くなったお祖母《ばあ》さんに学校時代世話をやかせ心配をかけた事等が頭に浮かんでくる。学校から帰ったら水を汲んだりして手伝いするのは当然だった。それを俺は遊んでばかりいて怒られたりすれば悪口を言って俺は本当に親不孝者だ。今みたいに金が儲けられたら楽《らく》さしてやるのに。ほんにお祖母さんは楽しいと言うことを知らないで逝ったろう。

二月六日　木曜

今朝の体操を川口《かわぐち》教官殿が指導し、普通ならラヂオ体操をするところなのに軍隊の基本体操

工場にひびく。をやらせるので従業員たちが迷っている。しかし号令は皆元気だ。教官の威勢の良い声は朝の

二月七日　金曜

僕等の入社以来今日迄可愛がられたり或いは怒られたりして共にして来た福島職長は一身上の都合で働きなれた会社を辞《や》めることになって僕等は淋しくなる。僕等の気持ちを知っているのはあの人だけだ。又僕等はあの人の性質を知っている。野球も上手だった。福島さん、元気で働いて下さい。

【特記】　残業九時

二月八日　土曜

寄宿舎でも今日から栄養食。生徒達も今迄注意して食べなければ食べられないという程きたない飯を食べさせられたが、今日は安心して食べた。残業して西平と仕事している間に又亡き父母祖母等の話が口に出た。西平君にも母はいないとかで、父はいる。俺には頼る者もいない。

【特記】　中里雄治に天丼を奢《おご》ってもらう。

二月九日　日曜

今日は日曜なので定時に帰るのを楽しみにしていたら黒板には平常通り残業と書いてあった。就業時間が来たので五時で帰ろうか七時で帰ろうか九時迄やろうかと迷った心は定時で帰った。何をする。七時迄良いから残れ、やがて七時が来た。どうせやるなら九時迄と。八時頃社長が□はって来た。社長が喜んでいた。御苦労御苦労。

二月十日　月曜

長い間残業ばかりして定時帰るのを知らなかったが、今日は教練のため早く工場を終わって勉強する。

二月十一日　火曜

紀元節(21)にあたり記念のため神戸の湊川《みなとがわ》神社(22)に社前で生徒一人ずつ二礼二拍手一礼して参拝した。大阪来て始め神戸の波止場見て町を見、横付けになっている衣笠丸《きぬがさまる》(23)と云う六千トン運送船を見学。一番高いところに上がり弘々《ひろびろ》とした海を眺める時、自分は□等何もかも忘れていた。□□□に鴎《かもめ》が白く飛んでいる。

【特記】　長い間同室にいる兄弟の如く寝食を共にして来た勝井《かつい》君が家庭の都合で辞める事を知る。

二月十二日　水曜

昨夜髙橋君が部屋に戻って週番の手持□をすると頑張っている。髙橋君はもう起きている。枕元の時計を見たら三時だ。まだ大分時間あり安心してまた二回目の眠りに就《つ》いた。春雨はシトシト降り続け、止みそうもなく降っている。

二月十三日　木曜

朝から曇って冷たい風がヒューヒューと吹いている。相変わらず僕は足袋《たび》を履《は》かずに通勤だ。その素足の小指の骨迄風が沁みる。六甲山には雪が降っている。まるで故郷の八甲田山《はっこうださん》(24)の様だ。こんなに降るのは珍しい。今日の寒さは堪《こた》えた。会社に風呂があるので定時で帰ろうかと迷っていたが、やっぱり今迄連続で残業やっているので只帰ると勿体《もったい》なかった。

【特記】事故者なく朝の点呼に何年ぶりかで出た。先生は喜んでいた。

二月十四日　金曜

昼頃鉄弥君から夜具袋を貸してくれとの事。早速よしと返事出した。又、鉄弥君が三月十日頃大阪に旅行に来るとの事。残業していて良かったと思った。午後にこれと反対に長瀬の叔母から（の使いとして）変な男が来て兄さんの言伝《ことづ》てと言って去った。兄さんは上海に行くそうだと手紙が来た。

【特記】　早速返事を出す。

二月十五日　土曜

この頃はあまり残業して疲労したせいか、朝も目が開かない。眠いばかりだ。体の耐える限り頑張れと先生に言われたが屹度ゆるんでいて、それに鉄弥君も旅行に来るそうだから金を儲けなければ見物させてやれない。残業九時迄に終業する。だが運悪く機械に故障が起きた。予定の時が過ぎ、十一時までやらなければならない。舎に帰ったら飯は冷たい。お汁も冷たい。自分で部屋の火鉢で温めて美味《おいし》く食べた。腕時計は十二時だ。

二月十六日　日曜

何よりも嫌な機械の故障。一ト月に一遍はする様《よう》になっているかもわからない。定時。

二月十七日　月曜

西平君が折った剃刀《かみそり》を自分が持って岡林さんに見せ、西平の身代わりになって、口から火が出る程怒られて自分乍ら出しゃばったかと思ったとき、後の祭りだった。ボーリングの仕事は後から後からと続いている。今日修繕しなければ腹の虫が治まらない。

変更　部屋。

二月十八日　火曜

風邪をひいて頭がジンジンと痛んでいる。床からはなれたくないが、今休んだら今迄の頑張りが水の泡だ。それに今日は節電だし、よし、出勤だ。心に鞭打って起きてしまった。会社に行ってみれば運悪く機械の修繕だ。泣きたい程体中が痛いが頑張り通した。教練もあったが早退。舎のふとんにもぐりこんだ。

二月十九日　水曜

隣の橋本から電話だと俺に知らせてくれた。俺は一体誰だろうと思い駆けつけて受話器に耳をかたむけたら、或るアパートで兄さんが自殺したとの知らせだった。はっと思い目を覚ましたら夢だった。あー、夢で良かった。しかし兄さんはどうしている事だろう。金に困っていやしないかな。兄さん達者でいてくれよ。俺にとっては父母とも言うべき兄だ。

二月二十日　木曜

部屋が変わったら気持ちも変わったらしく、朝は早く起きる。春ともなれば皆変わる。昨夜の夢は一日中頭からはなれようともしない。可哀相な兄さんを思わせるのだった。父母さえあれば兄さんも叔父達に怒られる心配もないのに、兄さんは気の毒だ。九時迄残業。

二月二十一日　金曜

今日は残業すると思っていたがやっぱりしなかった。俺もむかむかとしたが仕様のない奴だと思った。どうせ施□に帰るに違いない。皆が銃剣術を練習している時、残業しなければならない。

二月二十二日　土曜

四年生〔最上級学年〕は尼崎警察署に講演（聞きに）行く事になり、ただちに出発で、入口はぎゅうぎゅう、学生帽にオーバー着て来る者がいる。よく見たら中村与ヱ門だ。ヨオ元気かと互いに挨拶するのだった。退社した人がどうして来たと言った。ふとん取りに来たと、まるですぐ隣みたいになる。やっている講演は〆切だった。尼崎の街をあるいて帰りは国道線沿いの「黄金そば」で、校長先生が皆にうどんをご馳走した。

二月二十三日　日曜

昨夜中村君にサンドイッチをもらい、枕辺《まくらべ》に（置いて）食わずに寝た。今朝起きて食べて、又飯を食べ、残業七時迄、点呼は出ず。中村君帰った。

二月二十四日　月曜

教練。川岸の広い野原で四年生は銃剣術。俺にとっては一番苦手だ。

頭の骨まで沁みるほどの冷風が吹いている。あまり寒いので舎監に借金して銭湯に行き温まる。九時頃廊下で「河村さん、河村さん」と呼ぶ声がするので電報かなとはらはらしていたら叔父から贈りものだった。早速ひらいたら塩辛に白魚《しらうお》の煮付けだ。

二月二十五日　火曜

午前中は部屋にいて色々考え、兄さんが心配になり、今頃はどうしていることだろう。一遍、返事寄越したきりでいまだに何の便りもない。本立《ほんた》てからアルバムひっぱり出して兄さんの顔をじっと見ている。或る日の兄さんが思い出される。

二月二十六日　水曜

共に働いている西平君が突如足に品《しな》を落として怪我した。昼から僕一人で頑張らねばならなかった。一寸の油断から怪我を作る。何事にも気をつけて仕事せよ。給料日。今の月は体の耐えうる限り働いた。その時の給料格別だ。

【特記】　六ヶ月皆勤

二月二十七日　木曜　——　二十八日　金曜

西平君も到頭休んだ。後は俺と有村《ありむら》と二人でボーリングして。

三月一日　土曜

興亜奉公日。(25)

バルコニーに腰掛けて空を眺めしばらく。清水《しみず》舎監、足療治するため北海道に帰った。残業して見送ることが出来なかった。

三月二日　日曜

校長も舎監もいないので起床五時三十分（のところ）を六時まで寝た。

三月三日　月曜

昨夜はあまりお菓子を食べ過ぎて今朝は何遍も便所に苦しかった。下腹の痛いのをこらえて会社に出たが、作業服に着替えてる中に益々《ますます》痛むので盲腸炎ではないかと心配してそのまま会社を退《ひ》けて一日中休んだ。校長先生が大変俺を心配していた。

三月四日　火曜

過日はお便りありがとう。僕も相変わらず元気です。

三月五日　水曜

一遍休んだら会社も嫌になってきた。それに体もハッキリしなく気が進まない。仕事も相変わらず面白くない。学科一時間済んで松島病院に行ったら

三月六日　木曜

今日も休みたかった。ふとんに入っていると出る事知らない。会社もつまらない。岡林の阿呆奴《め》、西平をボーリングから止めさした。今に岡林も泣く時が来る。

【特記】　二十円

三月七日　金曜

学科のある日（が）明日に変更されたので一時は定時で帰ろうか残業しようかと迷っていたが残業に負けた。病院に

【特記】　西平は突然に止めた

三月八日　土曜

今日から俺一人でボーリングだ。何かにつけて不自由だ。又早退がしたい事もあるだろう。鉄弥君から大阪に来る事になったと通知が来たが日にちが分からない。

三月十日　月曜

教練科　初めて手信号を習う。

三月十一日　火曜

佃神社に参拝後、自由行動。鉄弥からはがきが来ていたが明細に書かないので旅館が分から

ない。

【特記】　丸山先生五円　尾崎君一円　高田さん二円　川崎二円　合計十円也

三月十二日　水曜

久しぶり友と数々の思い出を語り乍ら一夜を明かした。

五時前に洗顔してサイレンが鳴ると同時に杭瀬駅に走った。果たして鉄弥に会えるかと心配していたが、大黒屋旅館を訪ねてみたら相変わらず映画を見に行ったとの事。呆《あき》れた。先《ま》ずいろいろ話しながら待った。十時半頃済まん済まんと言って帰ってきた。相変わらず元気だ。帰るのも遅いし二人で泊まることにした。

三月十三日　木曜

朝の食事を済ませ鉄弥達ゲートル巻いて出発の準備していた。僕は先に大阪駅に来て待った。何分間か経った後並んで歩きホームまで送り、やがて東京駅の列車が滑り込んだ。話したのも短時間だ。発車の笛が鳴りわたった。固い固い握手を交《かわ》し、鉄弥の顔も曇っていた。自分も心のなかでほろほろとした。

三月十四日　金曜

九時頃迄はまだ良いが九時になり残業者が帰るにつれて広い工場内が静かになり、ただ自分のモーターの音が淋しく鳴っている。急ぐ仕事もあるので出来るまで帰るなと隊長が言った。

三月十七日　月曜

今日で僕等の最後の教練だったのに自分はこの教練をさぼって何より好きな講演会に行った。自分（は）一つの罪を犯したのだ。十一時頃帰って寝ようとしていたら、先生が来て一寸来いと食堂に連れていかれた。色々怒られた。「今、社ではお前は範《はん》。」

三月十八日　火曜

七時より始める。海軍の軍艦等が来ている。最初は家庭の事情。視力、体格検査、身体検査は合格で俺は通ると思った。通って通って審査員の処《ところ》迄来た。審査員の口ばかり見つめていた。合格云うか不合格云うかと。口走った。河村君、御苦労だが行ってもらうと言われた。定時で帰ることを許可され、久しぶりに明るい中に舎に帰った。

舎に帰ってもどうしてかあっち[26]に心が引かれる。

今日限りだ。一番前に行って目《ま》のあたりに見る。

今度は何時《いつ》頃大阪来る事だろう。あの顔あの声澄んだ目、まだ自分の頭から離れない。一生忘れられないかもわからない。

三月十九日　水曜

残業七時迄。部屋に西村《にしむら》君が遊びに来ていた。手風琴を借してくれというから、僕はトランペットを借してくれと願ったら二十五日に持って来るとの事。いつもの夢が実現した。

三月二十日　木曜

冷たい春風が吹くこの季節はすごく眠気がする程の暖かさだ。仕事に夢中になっていたら事務所から電話かかって二井《にい》さんからだ。行ったらいきなり徴用令《ちょうようれい》(27)だぞと言われた。僕はまるで夢を見ているようだった。

三月二十一日　金曜

とうとう本当のお別れだ。見るもの触るもの皆。

【特記】　徴用令検査に行く。合格。

三月二十二日　土曜
今まで何人かの送別をしていたが今度は自分の番だ。
近い中に長年苦楽を共にして来た舎生、又《また》舎と別れなければならない。

三月二十三日　日曜
空には黒い雲がもくもくとして流れている。なまぬるいような風が頬を撫でていく。自分の頭は徴用令の事でいっぱいだ。定時で帰り、色々整理した。

三月二十五日　火曜
十一時三十分に出かける。丁度守衛の今村《いまむら》さんも行くとのことで電車賃が儲かる。何分間走る。徴用出頭で来た人達だ。若い人達が僕等と同じ方向に歩いている。途中勝瀬《かつせ》君に会う。小学校に行った。沢山の人だ。若人《わこうど》はあまり見えなかった。

三月二十六日　水曜
今朝は眠い。川崎《かわさき》君と二人で寝て、ふとんは暖かい。
六時まで残業。病院に行く途中、雨が降り出した。

三月二十七日　木曜

朝、先生が校舎に呼んで、俺を徴用にはやらん様に社長が職業紹介所に話しているからと、まだはっきり分からないが。現場に先生が来て職長室に呼んで、お前を今度表彰する（と言う）。

三月二十八日　金曜

眠気のする様な暖かさは何処かへ消えて今朝は冬の様な寒さだ。点呼中チラチラと白い雪が降りて来た。

給料日。帰りは杭瀬に行って思う存分腹拵えして帰った。

三月二十九日　土曜

明日、第一回目の卒業式なので全生徒総動員で校舎を掃除した後、式の予行練習を行う。小学校の「蛍の光」は何となく泣かされたが、今じゃ何とも思わない。

三月三十日　日曜

木村《きむら》青年学校(28)第一回目卒業式は三十日午後六時三十分より校舎に於《お》いて行われた。卒業生、

小林《こばやし》亭、岩渕《いわぶち》金□□、中道《なかみち》円次郎、遠藤《えんどう》幸一、荒崎《あらさき》正美、成田《なりた》稔、河村《かわむら》正雄、以上七名。

三月三十一日　月曜

朝五時頃先生が起こしに来た。六時三十分迄に家に来てくれと言って出て行った。

四月四日　金曜

昨夜はとても嬉しい夢を見て、あれが本当だったらなあと今日一日思っていた。昼前から雨が降り出した。

四月五日　土曜　雨

グレン〔クレーン〕修繕のため俺の先手の有村が上にのぼって下りる時、有村がレールの上に手を出していた。俺は何も知らずにグレンを引いた瞬間、痛いという声に上を見たら有村は泣いて手から血が出ている。職人は俺をさんざん怒る。

四月六日　日曜

久しぶりに定時。一番最後まで工場に残り戸締りして帰った。良《よ》しとした。

四月七日　月曜

本日青年学校始まり、（今年度の）第一回目教練。新入生も四、五人入っている。僕等は研究生なので教官殿の助手（として）各個教練教える。或る者は寒いため敬礼の手が、指が伸びない者も。向こうの山は雪でも降っているのか曇っている。

四月八日　火曜

待てど待てど徴用令検査以来今日まで合格通知がないので二井さんがもう来ないだろうと云っていた。故郷の姉、親戚らは一度八戸《はちのへ》に帰れ帰れと毎日の様に便り来るけど何故か自分は帰る気になれない。

【特記】　故郷の友　　第二故郷　大阪

四月九日　水曜

今日も亦《また》、歯車が来ないので職長に対し気の毒だったが遊んだ。目を盗み仕事中に本を読んだりしていた。六時まで残業。

四月十日　木曜

到頭また歯車が来なかった。六時まで居残りして工場の風呂に入る。五十分頃迄入った。守衛の東さんと二人で色々話し続けた。

四月十一日　金曜

待てども歯車は来なかった。遊んでいるのも飽きて来た。消燈も済んで眠りかけていた。大林君が守衛が玄関に来ているから起きろ、本社に速達が来ているから取りに来いという事だった。一時は明日取りに行くからとして寝たが気になり眠れない。起きて自転車で本社迄行きその場で封切った。やはり徴用令だった。眠ろうとしても自分には木村鉛工所に入ってから今日に至った迄（の事が）胸に深く思われる。

まるで夢だ!!

四月十二日　土曜

昼に早退。姉兄に便りを速達で出した。親類にも早速ながら便り出した。自分の持ち物全部取り下げ会社にも色々手渡しして、愈々《いよいよ》自分は長年御世話になった懐かしの会社とも、寄宿舎とも、否応なしに別れなければならないのだ。

四月十三日　日曜

何も知らない僕をば、この様に成長さしてくれた会社員などに決別の挨拶してあるく。どの人もどの人も皆で元気づけてくれたのだった。勝瀬君と二人で校長の家に呼ばれ雑談を語り合う。前には寿司が置いてあるが、ただ固くなって眺めるだけだった。高山《たかやま》さんの注ぐコーヒー、喉潤《うるお》す。

四月十四日　月曜

昨夜事務所の諸田《もろた》君が八時迄にタクシーを見つけて来るからと云っていたが、七時五十分になっても来なかった。諦めて舎門の前に立って前方を睨んでいたら今来たぞと知らせているかの様に向こうからやって来た。大阪駅に向かう。駅の広場に沢山の人が荷物を持って詰めかけている。

四月十五日　火曜　大阪よさらば

愈々今日は大阪とも別れだ。昨夜は大一ホテルに親類が泊まり、僕も叔父と兄と三人で初めてのベッドに寝る。兄さんと二人で寝て、いつか東京で二人で小さな部屋で寝た事が思い出された。校長に連れられて橿原《かしはら》(29)に行く。僕はあまり好きではなかった。なぜならば今日一日で皆と長いお別れだ。それで皆に落ち着いて大劇《たいげき》(30)で春の踊り見せたかった。それなのに遠い橿原迄行って帰ったら時間がなく、すぐ出発の用意。しかし初めて拝む叔父、叔母、姉兄等にはどんなに有難かった事だろう。

第二章　何処へも行く処がない　1941（昭和16年）呉海軍工廠時代Ⅰ

四月十六日　水曜

昨夜の見送り人の熱狂と喊声《かんせい》が頭から抜けない。思いを胸に抱いて到頭《とうとう》呉(1)に着いた。四方山に囲まれた町だった。僕はがっかりした。何故ならば今までは賑やかな街で心淋しい事があれば忘れようと思い盛り場に行くのだった。

大きな建物がなく、自分は何かしら心淋しい。

四月十七日　木曜

今日は身体検査だ。公園の食堂内、人が沢山入っていて軍医も何やら注文している。

四月十八日　金曜

今日は愈々《いよいよ》部屋が定《き》まる。もう出勤時間。雨はシトシト降り続く。「行って参ります」の声も高らかに下宿を出た。勝瀬君は（道を）間違う。女工に週番〔点呼や巡察・点検を回り持ちで受けもつ週番士官〕を訊《たず》ねるのだった。呉の女工さんは皆親切に道を教えてくれるのに感心した。

水雷部《すいらい》(2)第二機械工場に入る。作業衣一着ずつもらう。

四月十九日　土曜

目が覚めたら五時だった。隣の勝瀬君を呼び起こす。飯は出来ていない。食わずに出かけた。長い長い道を汗を流して急ぐ。朝の軍港は気持ちが良い。今日は組々にまわされ、工場主任は父母のない僕を励ましてくれるのだった。思わず自分の目は曇りガラスの様に、先は見えなかった。

頰に伝って一しずく

僕は心の中で

四月二十日　日曜

休日で七時頃床に入って勝瀬君とたわむれていた。すると下宿屋のおばさんがいつものお転婆な声で飯だぞと叫んでいる。大阪の休日だったら、今日は梅田でも行こうかと休日の前から定めているが、呉というところは遊びどころもない。つまらない街だ。

大阪の街は恋しい。野田、梅田、千日前《せんにちまえ》、阪神マート(3)等、下宿の片隅でじっと目を閉じて大阪の街を頭に描いた。

四月二十一日　月曜

今日はおそるおそる六時に下宿を出た。街の歩道は工場に通う人でいっぱいだ。まるで道頓堀《どうとんぼり》の正月か第三日曜の様に歩いている。こんなに何処に処分されるのかと思われる。工場の中に行って一人顔なじみになった僕も皆に眺められていたが、嬉しかった。

四月二十二日　火曜

工廠には出たが現場へは行かず工廠神社(5)に参拝。その後工廠のいろんな役目の人に工廠についての規則や注意の点を聴く。一日中。

昨夜は平山《ひらやま》君の夢を見、嬉しかった。

平山君の健康を祈る。

四月二十三日　水曜

目が覚めて五時三十分だぞと勝瀬君を起こし、勝瀬君は時計を六時だと言って跳ね起き、どっちが本当の時やら分からない。後で見たらやっぱり僕のが合っていた。一時三十分から教練、海軍の敬礼等終わった後で山に上る。休憩。呉軍港が手に取るように景色良く見えた。

四月二十四日　木曜

明日は臨時大祭(7)なので工廠は休みだ。久しぶりで映画を見に行って就床は十時だ。

呉公休つまらない。

四月二十五日　金曜

朝飯は食わずに工廠の式に参列。（午前）八時頃帰る。工廠に通ずる道は塞がり、まるで頭の上を走り歩くに良いくらいこの列は何処までも続いて何時《いつ》になったら街に出るのだろう？

【特記】　靖國《やすくに》神社臨時大祭
　英霊よ安らかに眠れ

四月二十六日　土曜

高橋君に便りを出す。
高橋君は泣く事だろう。

四月二十七日　日曜

毎日ご飯を食べる度《たび》に思う事がある。それは下宿のおばさんがあまりに冷淡だ。大人に対しては良いが僕等には変な顔している。親切な下宿を欲しいと思う。こんな事で工廠に行くのも面白くないが自分は耐えられるだけ耐えるつもりだ。

四月二十八日　月曜

僕は「いただきます」と言っても何故か返事はしてくれなかった。家賃を払うのにおばさんに幾らですかと問うたら、まるで喧嘩《けんか》でもしている様な口の利き方をしてくる。僕は考えた。世の中とはこんなにつらいかと。今考えると（大阪の）寄宿舎の小母《おば》さんなんかはこれに比べると良い小母さんだった。下宿替えたい。

四月二十九日　火曜

式済んだ後、勝瀬くんと一緒に働いている人の案内で豆潜水艦を見た。沖の軍艦は満艦飾《まんかんしょく》だ。今日は何故かあまりに大阪が恋しかった。また舎友達の顔が思い出された。トランクの中からアルバムを出して何遍もなんべんも繰り返して見た。舎友よいつ迄もいつ迄も元気でいてくれ。

四月三十日　水曜

前から宿替えすると言っていたが（勝瀬君が）到頭今日替えた。色々手伝い、森永で勝瀬君に飯を奢《おご》られる。今日から一人だ。淋しい俺は益々心淋しくなった。俺も近いうちに寮か宿を探そうと思う。

【特記】　郵便局貯金　四十三円也

五月一日　木曜

昨日から一人ぽっちで淋しかった。早く起きても起こし相手も（なく）自分一人でションボリと起きて出かけなければならなかった。仕事し乍《なが》ら寄宿舎に入ろうかと考えた。今日から体の続く限り残業する。

五月三日　土曜

もの凄《すご》い雨だ。屋根も破れんばかりに降っている。目を覚まし乍ら聞いている。嫌だ。工廠までの道が思い出された。降っても照っても二年間あの道を通わねばならぬか。世も落ち目だ。

五月四日　日曜

今日はいつもより早く飯が出来ていた。毎日こんなだったら、文句はないけれど。雨が降り出しそうな天候だ、心の中は。

勝瀬君と別れてから初めて二人で仲良く帰った。やっぱり別々の方が二人で雑談も出来るんだ。下宿が一緒では遠慮ばかりして駄目だ。

五月五日　月曜

帰ったら兄さんの手紙と津村《つむら》〔孝一《こういち》・従兄弟〕さんの手紙が待っていた。

五月六日　火曜

昼の休憩時間に潜水艦が海中から浮いている処《ところ》を見た。
いつもだったら二時間残業して帰る時は歩けないくらいに腹が減るが、今日はポケットに豆が入っているから元気だった。毎日食いながら歩きたいものだ。

五月八日　木曜

定時間。
下宿屋の野郎共、俺の楽器でたわむれている。

【特記】　長瀬勝　髙橋四郎

五月九日　金曜

午後から雨が降り出した。帰りは骨迄濡れ。

一時間も雨にあたる。シャツを通して骨まで寒気《さむけ》してきた。

五月十日　土曜

一寸《ちょっと》体に熱がある。風邪を引いたのだ。今日はシャツも無し。十二日から夜勤となった。体に気合を。

五月十一日　日曜

飯を済ませて洗濯だ。洗濯場所がないので自由に出来なかった。

日記を書く気になれない。

止そう。

五月十二日　月曜

今日もまたゆっくり眠れる。隣の人等は工廠を休んで寝巻きでたわむれている。夜勤なので良く睡眠をとらなけりゃいけない。真昼間は目も閉じれない。
初めて夜勤。自分は胃が弱いので痛みだし油の匂いも嫌になる。夜ともなれば背に寒さを感じる。帰りは雨が降っている。歩く振動が胃にこたえる。

五月十三日　火曜
久しぶりで今日は豆腐汁だ。腹一杯食べたいが残念だ。ふとんに入りそのまま夢結んだ。昼に目が覚めて階下から良い匂いがプンと鼻をつく。

五月十四日　水曜
昨夜は暖かかったが今晩は背が冷える。眠いのは昼。一日中寝ているから眠気《ねむけ》もしない。夜は次第に更《ふ》けていく。友達等はソロソロ眠気がしてきたらしい。ハンドルに手をかけたまんまで頭を下げたり上げたりしている。
工場の窓から月明りが燦々《さんさん》（と）入っている。

五月十五日　木曜
昼はどうする事も出来ない。今日もまた手紙を書こうと思いながら三時迄眠った。天井を見れば懐かしの舎生活が思い出された。もう一度生活したい。新鮮な人達と。

五月十六日　金曜

夜明け頃から頭痛がしてたまらなかったが、帰る迄に治った。今日も亦汽車に乗るべく朝礼が済むと走る。売店で食パンを買う。

【特記】　貯金十円也

五月十八日　日曜

近頃はどうした事か眠いのを無理して起きている。頭が割れんばかり痛み出し胃が弱いため胸焼けして苦しい。夜勤も今日昼迄働いたら終わりだが二時間で帰った。

五月十九日　月曜

しばらく夜に寝ないのでいつもなら五時半に決って目が覚めるんだが、今朝は「河村君、休みですか」と起こされて慌てて出かけた。

五月二十日　火曜

仕事が沢山たまっている。一日に二個（魚雷を）完成させる様にと、まるで水でもかぶった様に汗を流して頑張った。服は汗で汚れた。よく頑張ったものだ。

五月二十二日　木曜

工廠にて第三回目の注射を行った。午後〇時三十分、実験部にて。二時間の帰途。今迄小降りに降っていた雨がもの凄く降り、意地の悪い雨だ。憎くて仕方がなかった。

五月二十三日　金曜

今朝も早く出ようと思って起きたが、結局飯が出来ないので六時だった。人通りの少ない中に工廠に行きたい。

【特記】　工廠から汽車賃借　六円三十銭也

五月二十四日　土曜

映画行く前に定時間で急いで帰った処、下宿に誰も帰っていなかった。只今とも言わず飯食べるに下りたら身内の者が食べていた。戻るに戻れず仕方ない。食べる。茶碗に手をかけた。

おばさんも図々《ずうずう》しい野郎だと思っただろう。違う、違う。

五月二十五日　日曜

今日から又夜勤だ。昼から出勤なので寝る暇もない。家（下宿）にいてもつまらないのでブラブラと工廠へ出て行った。弁当は作ってくれない。それでも二十円も取りやがる。昼から明日の朝迄、寮に入っている大原君といろいろ相談して（寮に）入るよと誓った。

五月二十六日　月曜

家に帰る途中、印《いん》を拾う。昼過ぎまでぐっすり寝込んだ。外は雨に代わっている。呉というところは良く雨の降る処だと感心している。こんな意地悪い下宿屋のおばさんを考えると、その点高田の小母さん〔大阪・佃寄宿舎の舎母さん〕は皆に馬鹿にされていたが話しがあれば相手にもなった。今日はどうしてこんなに淋しいのだろう。

懐かしい舎生が思い出されてならない。

【特記】　振替出した

五月二十七日　火曜

明くれば二十七日。今日は普通より早く仕事を終えて記念日(8)の行事を待つ。三十六回の記念日にあたり帝国海軍では練兵場(9)に於《おい》て色々式典している。又、二河《にこう》公園(10)では軍楽隊の演奏。軍港地であるだけに中々賑やかだ。

【特記】　五円也貯金
西平君に贈物する

五月二十八日　水曜

下宿の婆《ばば》アの野郎、俺にばかり文句をつける。今日もまた飯を済んで茶碗をそのままにしておいたら文句。この間は「そのまま放っておいて」と怒りやがる。反対ばかり。昼から飛び出した。映画館に入り五時頃工廠に出かけた。

五月二十九日　木曜

昨日洗濯して乾かしておいたズボン、朝行ったら消えていた。全く唖然とした。今日もまた昼前寮の方に行って、寮の監督者に入寮さしてもらいたいと言うべきなのに、言えなかった。思い切って言えばいいんだけど。

【特記】　五円也貯金　下宿代払う　新興《しんこう》音楽出版社(11)に金を送る

五月三十日　金曜

眠気するのを我慢していると頭が痛く吐きたくなる。しかも毎日だ。どこか体の具合が悪いに違いない。夜勤はもう二回だ。頑張れ。一日飯食わずにやってみる。同居していた村上《むらかみ》さんが下宿を替わった。羨ましい。

五月三十一日　土曜

本当に今日は朝から晩まで一日中寝ていた。おばさんに起こされ五時半だった。今晩で夜勤は交代だ。明日は昼迄だ。

【補記】　今日もまた色々な事があった。下宿のおばさんがもっと親切だったら俺もどんなに気持ちよく帰宅も出来、又家を出るときも気持ち良い事だろう。

六月二日　月曜

目が覚めたら五時半だ。飯が出来ているかと思えば、思いの外《ほか》まだ出来ていない。待って待って六時だ。一膳食べて飛び出た。飯支度《めししたく》は遅い。出来たと思うとこの暑い時分に熱くよっぽど泡を吹いているのを食わせるから安閑として食べられず。

六月四日　水曜

昨日定時で帰ったから今日やろうと思っていたら水曜で全工員定時間だった。三日おきの風呂で今日入れた。あっちで食いこっちで食いで金は一遍に無くなった。金の無い方が体に良い。

六月五日　木曜

昨日は初めて中村君と（夜）十時頃迄遊んで腹一杯食べたり飲んだりした。それで今朝は眠かった。（朝）五時三十分だった。下のおばさんがまだ寝ていた。飯食わずに出かけた。洗濯やろうと思って早く行ったが（空模様に）気付かなかった。帰りに雨が降ってきて。

【特記】　寮に入れと（監督者が）言ってきたが（二河）公園（隣の）工員の寮に入れないので残念だった。

六月六日　金曜

仕事がなくって。

今日セーパ(12)を使え。

六月七日　土曜

旋盤に追われて仕事をあまり早くするので僕には仕事がなくなり、セーパの前に一日突っ立って見ていた。中本《なかもと》組長ジロジロと顔を見、うろついている。

【特記】　西平君から便りある。新興音楽出版社から来る。

六月八日　日曜

徴用　二年

六月九日　月曜

いよいよ今日から夜勤だ。昼勤の人等は六時過ぎているのに、まだゆっくりして

先生に手紙を出す気で書いたが文句が釣り合わないので破った。叉ひっくりかえり天井を眺めていると先生の顔が病気でもしている様に思い出されてくる。どうしても便りを出さねばならないと夢中になった。

六月十日　火曜

急ぎ足で帰ったら二人のおばさんがもう帰ってランニング（シャツ）一枚で（下宿の）おばさんとお喋りしながら食べていた。

寝ていてもつまらないので二河公園の図書館に行って「街」という本を□□□文吾という□□□□□□□□□□□□□□□

【特記】長瀬の叔母さんから便りが来た。岩手県の温泉に湯治に来ているとの事。体が弱い。

六月十一日　水曜

夕方から雨だ。またこの雨が意地悪な雨だ。まあ昼勤の人等は定時で戻りか。俺等は夜の大統領だ。夏雨だ。一寸濡れて行こう。

だんだん金も欠乏してきた。淋しくもなってきた。

六月十二日　木曜

はるか彼方にポンポン船が夕日に染まった波の上を走っている。

ああ良い気持ちだ。

夕暮れの軍港はきれいだな。故郷の八太郎《はったろう》(13)に日が沈むところを思わせる。緑の山々の日陰《ひかげ》は暗く日当りは澄みきった緑だ。洋館たちも白く小さく見えている。呉の山に今や日は沈まんとしている。どこかで味わった様な涼風の香りが何とも言えない。

六月十三日　金曜

工廠ではこの月を衛生週間として今日全員に虫下しをコップで三分の一ぐらい飲ました。その薬の匂いといったら苦いやら辛いやらで咽喉《のど》につかえそうだ。一寸今日は下宿に来るのに早かった。おばさんが随《つ》いて給するので

【特記】　東海の小島の磯の白砂に
　　われ泣きぬれて
　　蟹とたはむる(14)

六月十四日　土曜

金はいくらあっても足りない。今朝もまた靴の修理で大きなイノシシ(15)を一匹殺した。残るはあとわずか。小雨模様となりその中を只一人河村君は雨をものともせず何考えているのか。先生から白封筒の手紙が来た。相変わらず元気だとの事。安堵《あんど》

【特記】　いよいよ夜勤は今夜限りだ。

六月十五日　日曜

夜勤の工廠に行く途中、胸に引っ掛かる事を思い出して自分は悲観している。こんな嫌な職工で将来凡々として一生を終えるのかと思うと情け無い。又、算術の出来ない自分を恥じる。数学さえ出来れば何処にでも試験を受けるのに。ならば音楽家になりたい。毎日夢ばかり見ている俺だ。

六月十六日　月曜

仕事は無く只遊んでばかりいるので中本班長の目はうるさい。あっちに逃げこっちに逃げ、用もない道具を持ったり置いたりする始末《しまつ》。

六月十八日　水曜

毎日五時三十分には起きるが飯支度が遅いので何も早く起きた甲斐がない。毎日汗だくだくで通わなければならなかった。早く寮に入り規則正しい生活したい。雨が降るのか、空模様が変だ。くそ。

又、校長先生の夢を見た。懐かしい。毎晩先生の訓示に舌打ちしたものだったけれど、今は皆思い出深い。先生の健康を祈る。

六月十九日　木曜

今朝は五時に食わずに家を出た。人通りは少なく鈴蘭灯《すずらんとう》(16)にはまだ灯りが点《つ》いている。久しぶりで朝早く街を歩いて気持ち良い。時間キチキチで汗流しよりは余程《よほど》だ。練兵場では兵隊達は色々な教練している。腕章を巻いた人等が見学している。校長が混じっていないか確か（める）。

【特記】　弁当券購入　一冊

六月二十日　金曜

前途の事を色々考える。俺は俺は職工が情け無い。せめて算術さえ知っていたら何処でも試験受けるけど、そうかと言って勉強しても根本知らなければ何もならない。

錦を飾りたい。

六月二十二日　日曜

午前中は中道君と兄上の処に書く。俺の傍《かたわ》らの中村は水兵の志願について算術をすらすらと。ひとりでに自分が恥ずかしくなった。自分を、こんな者はないと思（う）。

【特記】　ドイツ、ソ連に対し宣戦布告す

六月二十三日　月曜

本日から又嫌な夜勤だ。真昼中《まひるなか》ふとんに入り寝ていると、舎の事を思い出して大阪の街が恋しくなり、徴用令が憎くなる。早く満期〔二年〕になれ。無事に大阪に帰る。どうか。

六月二十四日　火曜

ケーキに当てられたのか腹具合が悪い。寝ていても汗を流している。熱がある。夜の勤めも無事に終わってこうして寝ていると木村（鉛工所）で徹夜した事を思い出す。舎で寝ていると外で舎友達が例の焚き火して雑談している。うるさくて眠れず。

六月二十五日　水曜

これから出かけるというのに雨が降り出してきた。

六月二十六日　木曜

昨夜の雨が朝にもの凄く降り出した。港の波は雨風の中に荒れている。堤防に打ち寄せる波、

泡となり消えてゆく。中村君も

六月二十七日　金曜

さすがのこの工廠もこの雨に参ったらしい。仕事している背中にトントンと（雨垂れが）あたると同時に冷たさを感じ眠気も覚める。

帰ったら東京（の兄）から返事が来ていた。本を送ったから、と。

本だったら何をおいてもすぐ送ってくれる。

六月二十八日　土曜

朝食していたら入口に赤い車が止まった。配達夫が小包を置いて行った。それは兄さんからだった。有難う。済みません。早速乍ら繙《ひもと》きひろげて目を通すと小踊りした。五時頃家へ。雨の中を小包の事で足どりも軽かった。

【特記】　しかし夜勤も今日限り

六月二十九日　日曜

雨は今日で三日降り続けた。今も又、勢《いきお》い良く降り続けて工廠の道も。

今日は給料日だ。沢山あった。ただ下宿に払うのが惜しかった。何故なら不自由で飯も安閑として食べられず、いつも遅くそのために走らなければならなかった。それに何だ、あのおばさん。

毒婦奴《め》。

六月三十日　月曜

二、三日降り続いた雨もからりと止んで久しぶりで見る青空。良い朝だ。

宿に帰ったら家からハガキが来ていた。便りによれば叔父は樺太《からふと》に行ったとの事。さぞ子供が淋しがっている事だろう。又しても何故あって家内を残して行った事だろう。

【補記】　失し者を求る勿れ
　　　　若き吾等の五月は
　　　　おお遥かなる希望
　　　　の行く手

（竹下夢二(17)「五月の旅」より）

七月一日　火曜

興亜奉公日なので四時に起き、叔母さんに手紙を書いた。

この頃飯を食べるのでも

糞婆の毒婦奴

馬鹿野郎

【特記】　安全週間

七月二日　水曜

色々な事を考えて仕事して、仕事が済んだと思いきや、しまったと思っても、もう遅い。失敗した。

七月五日　土曜

下宿屋のおばさんに毎日毎日意地悪い事ばかりされていると、今は亡い祖母が思い出される。学校から帰ればご飯を温かくしてくれて、「寒いだろう」と言葉をかけてくれたその時分は俺は何も知らない。今日のように祖母を思っていたら祖母にあんなに働かせるのではなかった。

七月六日　日曜

二階の片隅に話し相手も無くただ黙念としていると水兵が持ってきたのだろう、階下から「慈悲心鳥《じひしんちょう》(18)」のメロディーが聞えてきた。久しぶりで聴くレコード。階下に降りて聴きたい。意地悪いおばさんがいるので降りる気はない。俺にだけ何故あんなに冷たい事をするのだろう。おばさんに嫌われる様なことをしている心算もない。怒る者が正しいか俺が正しいか。

七月七日　月曜

学校から帰るとすぐ遊びに出る。祖母は一人で話し相手もなく黙々として針仕事しているのだった。針に糸も通せずにいて俺が帰れば良い処に来た、糸通してくれと針を出すのだった。水くらいは自分が汲んで良かった。杉本《すぎもと》さん〔隣家の住人〕から汲んでくるおばあさんの重たそうな姿が今も目に見えてくる。

七月十日　木曜

八日から今日まで日記君とも話をしなかったね。仕事が多忙で顔を見る暇もなかったよ。許してくれ。

今日もまた意地悪いおばさんを恨んだ。宿に来て一度だって頭から忘れる事がない。仕事中でも意地悪い婆奴が憎い。

【特記】　算術協会に早速振替送った。

七月十三日　日曜

嫌な下宿も今日でお別れだ。下宿の婆奴、長生きせ。（下宿の）お父さんも良い顔していなかった。本日から楽しく働ける。

【特記】　堤《つつみ》寄宿舎〔呉市棚田町堤寄宿舎第二寮八十四号〕に変更

七月十四日　月曜

工廠の帰り海岸で八戸の故郷の様な感じがした。舎に入ったし愉快な気持ちになってうっかりクラッチ〔クレーンの爪〕の削らなくても良いのをやってしまった。はっと思ったが後の祭り。組長に申し訳がなかった。

七月十五日　火曜

二時間の残業も無事済んで舎に帰り、新木の香りが吾《われ》を待っていたかの如く鼻にプンと来、疲れも忘れ食堂に急ぐ。

青い大きな食器

七月十六日　水曜

水曜なので全員定時だった。呉〔市の中心部〕だったら映画に行く事が出来るが、（中心市街から離れた警固屋方面の棚田町には）賑やかな街もなく只部屋に閉じこもり日記を書くのが一つの楽しみだ。部屋には誰もいない。皆遊びに出た。同室の堀田《ほった》さんと二人っきりだ。堀田さんは両親のことなど聞き入って、哀れなる小生を励ましてくれた。何故か舎友等と吹くハーモニカも淋しく聞える。

七月十七日　木曜

前にも玉那覇《たまなは》君が初めて俺に寝巻き、敷布等の洗濯やろうやろうとすすめるので、（洗濯できた。）今度も誰かに後押しされたらなあと思っていたら今朝、勝瀬君に呼び止められて洗濯やってくれと言われた。僕は嬉しかった。しかし、何故に俺にだけあんな事言うのだろうか。今日一日俺はそんなに不潔に見えるのだろうか。
先生から便りが来た。先生よいつまでも健康で。

七月十八日　金曜
情け無い
【特記】夕暮れ淋し　吾が心

七月二十日　日曜
今日は公休日だから昼から午後五時までの外出だ。呉に行けば映画はあるが交通の不便な事。一日に呉と警固屋《けごや》〔呉市内の町名〕間五回くらいしか（電車は）通ってない。待っている中に外出時間も刻一刻と迫ってくる。腹が立って仕様がない。到頭一日何処にも行かず。

七月二十二日　火曜
夕方算術の講義録が届いた。早速見たら中道のと全然違っていたのに

七月二十三日　水曜
姉から手紙が来て時計を買ってやろうかと

七月二十四日　木曜
夜仕事やり乍らも買って貰《もら》うかもらうまいかと考えた。

七月二十七日　金曜
夕方から腹が痛いので仕事も無いので椅子に腰を下ろして夜明けまで我慢していた。朝帰りの予定だったが昼間まで頑張った。夜勤も済んだ。来週を待つ。部屋に戻り横になり、夢の国へと走らせた。

七月二十八日　月曜
勝瀬君、大阪に帰った。車窓倚《よ》りそい何を考えているだろう。
今月より工廠で。
【特記】　貯金三十四円四十銭と少しになる。
小遣い　五円

日用品　五円
購買所　二円六十銭

七月二十九日　火曜

十二銭弁当券を購入した。今日から舎生は喇叭《らっぱ》を合図に起きる事になった。長瀬の兄上〔姉の夫〕が二度目の応召《おうしょう》(19)と通知があった。

七月三十日　水曜

起床喇叭が朝焼けの空に高く響いた。早速返事を書いて速達で出した。
全員定時。

七月三十一日　木曜

工廠の帰り道、何知らずズボンのポケットに手を入れたら、勘定袋《かんじょうぶくろ》に入れたままの十円が無い。ポケットに全部探したが無い。引き出しに忘れたのかと思ったが、引き出しにも無かった。

【補記】七月三十一日　十円也を落とし（た）。

八月二日　土曜
大阪にいた時は休日の前の日であっても、いつも眠い朝も早く起き、普段は会っても「おはよう」とも言わない者が「おはよう」と言ってくれて、掃除の時は鼻唄まじりでやっていた。これも皆明日の休日に楽しみがあったからだ。歓楽街は僕等を待っているのだ。それに較べて呉の街。交通不便。

八月三日　日曜
大阪とは違って公休日も何の楽しみもない。ただ自分の頭には（徴用期間の）二年さえ過ぎれば、もう一度賑やかな都会で思う存分翼をのばして働ける。
今日久しぶりで映画を見に行こうとバスを待ったが皆満員だった。交通ぐらいはもっと便利良く。

八月四日　月曜
朝、呉に行って日用品を買って戻ったら大阪に帰っていた勝瀬君が来ていた。懐かしい大阪の特産を持って来た。勝瀬君の話によれば会社も大分変わっているとの事。（徴用の）満期迄には？

それに四年という月日を寝食を共にしてきた中道君、退社して八戸に帰ったとの事。

八月八日　金曜

無言でラヂヤール(20)のハンドルを通していると木村（鉛工所）を退社した中道君と在りし日の事が色々思い出され、歌狂《うたぐるい》で音楽気狂《きちが》いだった僕等二人。新譜が出れば互いに教え合い、中道がハーモニカ吹けば俺は手風琴。小さい寄宿舎で割れんばかりに合奏したこともあった。あんなに楽しい事が二度とめぐり来ないでせう。

中道君、元気でいてくれ。俺が帰ったら故郷の浜辺でまた合奏しようじゃないか。

八月九日　土曜

今日は二時間になりいつもより三十分早く帰れるので嬉しく思う。山本さんに石鹸を買うのを頼む。名の高い石鹸は

八月十日　日曜

夜業。午前引き。工場に行って舎に帰って来れば、煎餅《せんべい》〔故郷・八戸の名物、南部煎餅のこと〕があるという事だけでも気も楽しく。

八月十一日　月曜

昨夜はあまり冷たいものを飲み、今朝は腹具合が悪く足も重かった。重い足を引きずり引きずりして出勤した。

俺は馬鹿だよ。

【特記】　体力検査[21]

八月十二日　火曜

起きたら

お祖母《ばあ》さん!!

色々心配かけて済みません。何一つ楽しみもせず最後まで働き続けた。

八月十三日　水曜

二時間残業して空腹で帰ってくる俺を待っているのは叔母から送ってもらった名物煎餅だった。赤く錆びた缶を開ける。中からゴマの香りがプンと鼻をついた。

八月十四日　木曜

夜業者の石田《いしだ》さんが休んでいるのか、昨日仕事がそのままになっている。

兄さんから説教の手紙が来た。

【特記】右の人差し指負傷。午後二時〇分

八月十五日　金曜

悪天候。海岸通りなので風は強く雨が音をたてて窓にあたる。西側の窓より海を見れず、昼食を食べて勝瀬君と映画見物に出かけた。古い映画で（入場料が）高かったが仕方がない。久しぶり弘《ひろ》く寝る。

【特記】通帳も新しく現在高《げんざいだか》証明のものへ。今日大阪支局から来た。

八月十六日　土曜

僕等の部屋。寄宿舎生活した事がないのか馬鹿者達は皆自分さえ良ければ良いと思っている。こんな奴等と一緒にいる。木村（鉛工所）の寄宿舎があまりにも懐かしく。僕等の心は一丸だった。清く明るい舎だった。

もう一度あんな楽しい生活をすることができるであろうか。

八月十七日　日曜

本日から夜勤。交替で昼から出る事にした。朝から眠ろう眠ろうと思って目閉じていたが、むし暑い臭気のため寝れなかった。

外はかんかんに照っているが涼風は吹かず蟬だけ。

八月十九日　火曜

今週の夜勤は何故か眠くて眠くて眠くて仕事やる気になれず今日も今日とて二時間で出来る仕事が朝までかかった。

第二回目体力検査で実習場に行って来た。

【特記】　人に楽器貸して今迄

八月二十日　水曜

今晩より（軍事）演習。工場内は暗く風の入る処もなく、むし暑く見るからに眠気がする。

今日もまた仕事を早く出かして自由に遊んだ。

一寸気に合わんことがあり部屋の者が憎かった。

【特記】　長瀬の叔母さんから写真が送って来た。

八月二十一日　木曜

九時三十分頃から警報があり、工員一同モーター止めて暗闇の外に出た。向かいの島の灯りがチラチラと揺らめいている。何処から吹いてくるのか涼風が身に気持ちよく応える。月を閉じればそのまま眠ってしまう様な良い気持ち。いつしか内で作業にかかれと叫んでいた。

八月二十二日　金曜

昨夜は仕事は早く済ませて退屈まぎれに遊んでいたら眠気がして来た。こうなったら最後、いくら目を開こうとしても駄目だ。それで勝瀬君にメンタム(22)を借りて目の縁に塗った。涙がぼろぼろ落ちた。

八月二十三日　土曜

全員朝上がり。舎にも到頭泥棒が出て、その盗んだ物件の中に俺の弁当券が入っていると言っていた。俺は盗《と》られたおぼえない。不思議なこともある。それで被害届を書かせられ、盗られた覚えはないのに書ける筈はない。班長は勝手に言葉を作って書いているが。

八月二十四日　日曜

夜勤の疲れた体で、しかも雨降る中を呉に活動[23]（写真）見に行った。雨の中をショボショボと、映画ファンとはこんな者かと自分乍ら呆《あき》れた。帰る時はバスが満員で

八月二十五日　月曜

今日より昼勤。工廠にもまた新しい徴用工員が十四、五名入っている。工廠に来てどんな感じがしている事やら。旋盤《ばんこ》の傍に戻ってバイトを見つめている。俺もこんな風だったが、今では人も勝手も知り、自分の家の様に思われるほどに平気になった。

八月二十六日　火曜

今日も振替は駄目だった。早く出して給与見たく

八月二十七日　水曜

久しぶりで川崎《かわさき》君から便りが来た。舎の事をくわしく書いてくれているので読み甲斐がある。嬉しい。藤田《ふじた》君は広《ひろ》工工廠[24]に来ているとの事。

【特記】　振替出

八月二十八日　木曜

昼から主任の講話があり、終わった後各個教練。（木村）青年学校時代を偲び一生懸命にやった。最後に工廠長殿閲兵〔整列させて検閲〕し終了。二時十五分から体を洗い、帰る支度。

八月二十九日　金曜

空一面に、曇っている。心もまるで曇っている様だ。事故がなければ良いが。横須賀《よこすか》海軍工廠[25]に行きたいのを想像して。

八月三十一日　日曜

雨は十時止んだ。舎外の掃除。草むしり。皆で不平を言っている。自分もその一人だった。舎の食堂に於て、ハカバ・アンサンブル[26]の音楽の夕《ゆうべ》。

九月一日　月曜

今日より夜勤だ。只部屋の中に寝て夕方には工廠に出て行く。ああ心淋しい。

九月二日　火曜

勝瀬君に茫々《ぼうぼう》と伸びた長い髪を刈ってもらった。中々良い気持ちだ。今度はお前の番だとなおバリカンを走らせた。

目が覚め懐かしの友から手紙が来ていた。髙橋からだった。一行一行読んでいる中に、（木村青年学校の）寄宿舎が恋しくなった。

九月三日　水曜

勝瀬君と写真を撮る心算で音戸瀬戸《おんどのせと》(27)に渡った。初めて見る音戸町。まるで島でも探検するようだった。何処にも上手な写真屋、無かった。（写真が）暗い。

九月四日　木曜

部屋に帰ったら机の上に江戸川乱歩《えどがわらんぽ》(28)の小説があった。勝瀬君と取り合いしたが遂に俺が取った。

十一時頃迄読み続けた。いつの間にか眠気もして来た。

九月六日　土曜

昨夜は仕事は無く、自分に自由に遊ぶことを与えてくれた。今夜は馬鹿に良い日だ。夜の青空を背景に山は黒く、海面も月の光で金波銀波に見える。中道君に教えてもらった「月のデッキで(29)」を、月を出迎えて唄う。いつか工廠に来ているのを忘れて（月を）夢中で眺めていた。

【特記】　楽譜が来た。

九月七日　日曜

セーパをやったら誤差しないときはない。今日もまた怒られる程でもなかった。近頃涼しく、寒くなってきた。上衣を着なきゃ寒くてやりきれない。

九月八日　月曜

残業して帰り、班長室の前に小包が来ていた。鉄弥君から缶詰が来ていた。僕は喜んだままで子供のような声を（上げた）。

心の中では鉄弥に済まないような気がした。家にいた時から俺を思って俺の言うことを何でも聞いてくれた。今考えると鉄弥に

九月九日　火曜

寂しい初秋の雨がショボショボ降り出した。海の色も鉛色に化していた。泥濘《ぬかるみ》を歩いて出勤するのかと思うと。街のアスファルトは雨が降ればきれいに洗われてかえって良いくらいだ。警固屋の道路も何とかならないのかなぁ。

九月十一日　木曜

昨日高下駄買ったので今日履いて行ったら、昨日は泥濘だったのが今日は道も乾いている。なんと人を馬鹿にしている。ふとした事から祖母を思い出し淋しい。帰れば机（に向かう事）を怠り、例の娯楽放送を待つのだった。

九月十二日　金曜

この二、三日は鬱陶《うっとう》しい天気だ。体も自然にだらける。今日も夕方から降り出した雨の夜道を舎に急ぐ。舎に帰って何の楽しみがあろう？　自分の聴きたいラヂオも聴けない。木村（青年学校）の寄宿舎が恋しい。小さい応接室にラヂオ。いつも残業で。

【特記】　十銭券買った。一冊

九月十四日　日曜

夜から出て映画を見に行く予定だったが、あまりに雨が降るので映画を明日にして昼から出る事にした。昼から通して明日の朝迄。疲れるぞ。

九月十五日　月曜

待ちに待った月曜が明けた。今日こそはどんな事があろうと秀子《ひでこ》(30)の映画を見る。八時のバスに間に合った。そのバスの中には友達も一緒に乗っていた。「おお」。呉に着いた。先ずレコード屋に入り、レコードを鳴らして二、三枚掛けた。友の話。映画済んで帰途についたのは（午後）二時十五分前。

【特記】　部屋に帰ったら新興音楽出版社から注文品が届いていた。

九月十六日　火曜

昨日一日中眠らずに映画に夢中になって帰ってきたのは五時半。眠る暇なかった。夕《ゆう》べは眠くて眠くて仕事も二時間で終わるのが一晩かかった。

九月二十日　土曜

愈々《いよいよ》残業も今晩限りで終わりだ。

九月二十三日　火曜

全休日でも起床は五時、食後八幡《はちまん》神社(31)に参拝。この土地の人たちはこの祭りをどんなに待ったことでせう。子供達はきれいな着物を着てたわむれている。知らぬ他国の祭り歌。

九月二十四日　水曜

今朝は何処か気持ちも変だった。日曜日の（出勤の）様に工廠に行っても一人一人が仕事が嫌なような顔している。

九月二十五日　木曜

鉄弥よ有難う。しかし俺はお前に兄だと思われる様になれるだろうか。いじらしい心に自分も胸がほろりとする。

九月二十六日　金曜

もう来る頃だと思い乍ら帰舎したら、郵便受けにいつもの長袋入り。

九月二十七日　土曜

二時間の帰り勝瀬くんと同じだったが、途中勝瀬君を追い越して前になって歩いた。普通は話しながら歩いていたが、今日は話もせず、勝瀬君も黙っていれば俺も黙ったまま、急ぎ足で歩く処に勝瀬君が前になり、俺は後から玉那覇君と二人でぼちぼちと帰った。

話もしないから俺は勝手にせいと思ってわざわざ勝瀬君より離れた。時々こんな事がある。相手も黙っていれば俺も黙っている。お互いに誤解するだろう。俺の方では勝瀬は何故に怒って俺達の話し相手にならないのだろう、勝手にせいと思っている。相手もやはり俺の思っているような思い方しているに違いない。どうせ怒っているのなら離れて歩こうと思ってやったのはこれだった。勝瀬は別な道を行く、俺たちはこっちに行くで、舎に帰ったら勝瀬君は帰っていた。暫《しばら》くして勝瀬君は「河村よ、話があるから一寸出てくれ」と呼び出した。話といえばこうだった。もっと友達らしく付き合ってくれとの事だった。俺は不意だったので何言ったら良いか見当がつかなかった。ただ「そうか」と言ったきり何も言えなかった。勝瀬は大分腹が立っているらしく、顔を赤くしていた。俺も度肝《どぎも》を抜かれた様な気がした。勝瀬の怒ったあの声。あの言い方。俺は忘れる事が出来ないであろう。

九月二十九日　月曜

午後から雨がしょぼしょぼ降り出した。昼勤者達は勘定〔給料明細〕をもらって帰ってくる。僕等はこれからだ。昨日の出来事が頭に浮かんで仕様ない。「河村よ、話がある、来てくれ」と（勝瀬の）言う声。何を言うのかと。思いの外、こいつは来ない。

九月三十日　火曜

二時間迄働いた後は掃除だ。給料日だ。皆ハリキッテいる、いつも。今日の勘定はつまらない。呉に映画見物しに行く。

【特記】　もう十月だ。

【補記】　この二、三日淋しい。久しぶりでエノケン(32)の映画を見て笑った。何もかも忘れ爆笑。

十月一日　水曜

最早《もはや》十月一日奉公日が訪れた。今日は夜勤者も三時間で（興亜）奉公日の行事が済んで工廠長の講話。

帰途は郵便局に寄って貯金する。金五円也。

十月二日　木曜

昨日の雨風はからりと晴れ、今朝の海は嵐も無かったかの様にケロリとしている。海も紺碧《こんぺき》で美しかった。人より一時間多く残業して帰途だった。嵐で海岸に寄せられた木屑をおばさん達が拾い集めている。故郷の風景と同じだ。懐かしい故郷の海岸を思い出さずにいられなかった。いつか友達が「おい、帰ろう」と言っていた。

十月五日　日曜

中央門から出て呉の町に遊びに行くことに決めた。今日こそゆっくり映画見物も出来る。何処の活動館（映画館）も大入りだった。帰ったのは三時。

【特記】　高橋にすぐ返事出す。

十月六日　月曜

夜あまり飲みすぎ、今朝方《けさがた》お腹が痛かった。休むもはっきりしない。手風琴を練習していると、向こうの山から名月、青白く顔を出している。

十月七日　火曜

今日朝方、隣の組立てで爆発事故。もの凄い大音響だった。僕は元来あんなのを近く行って見るのを好かなかった。煙は朦々《もうもう》、入口の扉が横に傾き、戦火の跡の様だった。

十月八日　水曜

昨日爆発して目茶目茶に壊れた部分がもう工事にかかっている。人の噂によれば即死したのは、最近徴用で来た見習い工員だと云う。聞いていながら可哀相だった。この知らせを受け取ったら親達がどんなに悲しむ事だろう。

十月九日　木曜

昨日の夕方から急に寒くなり、今朝の寒さ、雪でも降るのかと思われる程だった。シャツ一枚を（重ねて）着た。それでもまだ寒い。これからどんなに寒くなる事だろう。全員定時間。舎生達は久しぶりに外出を許可され、ぞくぞくと出て行った。舎内も淋しくなる。ただ一人手風琴を鳴らして楽しんでいる。

十月十日　金曜

朝は寒いが昼は暖かい。こんな時、便りが来る。在りしの木村〔寮生の仲間〕といた当時が懐かしい。暖かい秋日和の午後。塩野義《しおのぎ》と木村と堤（寄宿舎）の板塀に凭《もた》れ急々に雑談の語った事など。

十月十一日　土曜

怪しげな空模様だ。黒い雲間に太陽の光線がキラキラ光っている。明日から防空演習なので工廠も色々。

十月十二日　日曜

今日から又、夜勤だ。昼から出勤。午前中は起きれず寝ていたかったので、寝た空〔甲斐〕がなかった。まごまごしてる中《うち》に昼だ。

十月十三日　月曜

夜勤するまでが嫌だが、やり始めるとなんでもない。寒い夜だった。暗闇街だ。星ひとつ見えない。防空日和《ぼうくうびより》(33)。肌寒い風が背中にスーとあたる。

叔母さんから栗が届いていた。それと同時に鉄弥から金を送ってくれとの手紙。

十月十四日　火曜

早速乍ら自分の持っていた現金十五円をすぐ送った。今日から一銭も無い。受け取る人がどんなに嬉しく思うだろう。俺も経験がある。来ない時の気持ち。

十月十五日　水曜

夜勤の寒さは一日一日と厳しくなっている。灯火管制(34)で灯りはポツリポツリと見える。よく晴れた夜空に星は燦然と輝いている。見るからに寒そうだ。仕事中は中々寒い。

十月十六日　木曜

昨日も寒かった。時々機械を止めて学校で習った基本体操を根気よくすると寒さも消し飛んで、体は汗を流している。

【特記】　特報　十六日近衛内閣総辞職

　　十七日陸軍大臣東條英機閣下に大命降下

十月十九日　日曜

今日より昼勤だ。昨日は雨に濡れ、今朝はシャツは無い。一枚だ。中々寒い。日曜なので全員定時だった。演習なので部屋も暗い。撮影所に手紙を書く。

【特記】　勝瀬君に三円　玉那覇君二十銭

十月二十日　月曜

山本さんから大陸のお菓子をもらった。その中にウイスキーチョコレートがあった。包み紙もきれいな、見るからに美味《おい》しそうだ。こんな菓子を目の前に置いて食べたいものだ。ボール盤(35)（のドリルを使って）一人で三時間残業した。帰りは空襲警報で真暗《まっくら》だ。夜空に星が沢山出ている。

十月二十二日　水曜

残業するつもりでいたが明日の保健日の定時間は今日になり、定時で帰る。嬉しかった。

十月二十三日　木曜

朝一寸、式があって解散。久しぶりに中央門を出たが道はいっぱいで歩かれない程だった。よくもこんなに人間がいるものだと思った。街は秋祭りで道に色々飾っている。自分は映画『指導物語(36)』を見るべく街に来た。映画（では）、一人の老機関士が鉄道隊の一人の兵士を愛情込めて指導する。兵士もまた老機関士の奥深いものを知っていく。

十月二十四日　金曜

起床ラッパ。冷たい朝焼けの空に高鳴る。うるさい程耳に聞えているが、すぐに起きる気はない。

仕事していても昨日の「指導物語」のシーンが思い出され、感激せずにいられなかった。

【特記】　工廠にて十五銭券一冊　十二銭券一冊

十月二十五日　土曜

明日から夜勤だというのに今日も三時間（残業）、御蔭で雨に濡れた。

寝る前、思いがけなく胸に手をあてると胸の中心に骨が出ている。心配になってきた。寿命が短い。

十月二十六日　日曜

思う様にぐっすり寝られなかった。出勤時間だ。曇天で肌寒い風が吹いている。海は一寸荒れている。まるで故郷の風景と同じだ。昼の支度でもしているのだろう、民家から魚を焼く匂いがプンと鼻をつく。昨日は大分寒かった。

十月二十七日　月曜

今日は日中でも寒い。窓を通して気持ち良い日光線が枕辺《まくらべ》を照らしている。いつの間《ま》にかふとんの中が暖かくなっていた。眠気がして来た。銭が完全に無い。町に居並ぶ売店には金の無い日に限って美味しそうな饅頭《まんじゅう》がある。ああ金、金、金。

十月二十八日　火曜

今迄一回も貯金を払い戻した事がなかったが、鉄弥に十五円送って小遣いが一銭も無く、おまけに今日は勘定日だ。我慢出来なくなって貯金して初めて五円の大金を払い戻した。その罰で、夜胃が痛くなる。

十月二十九日　水曜

夜の十二時から急に腹が痛くなってきた。定時間で帰りたかったが歩けない。朝辛抱して夜勤者の給料日だが（給料を）貰わずにすぐ帰った。腹の中がグググーと瀉《くだ》っている。さすがの河村も一寸参った。歩いたら腹にこたえる。

十月三十日　木曜

夕一晩仕事せず腹に手をあて椅子に掛けていた。一等工員の前田《まえだ》さんがカイロを貸してくれて余程《よほど》楽だ。成る可《べ》くだったら明日の仕事に（障《さわ》りなく）活動できるよう帰りたかったが、入廠以来一度も休んでいない俺だ。死ぬよりもつらい。痛いのを朝まで堪《こら》えた。今日の昼は大分良くなった。

【特記】　松島百貨店

十月三十一日　金曜

もと通りになった。健康第一だ。仕事は第二だ。嬉しく思った。
今日の最後はもう一寸で今迄の無欠勤を無駄にする所だった。

十一月一日　土曜

興亜奉公日。十一月の工廠の実行目標は「御国《おくに》の為に体位向上」だった。朝礼済んだ後、工廠長の訓示。
日当たりの良い海岸辺りを散歩して、見たら兵達はボートの練習も済んだのだろう、二艘共同になり余興をやっている。その中の下士[36]らしい者が他の者を急《せ》き立てている。

十一月二日　日曜

夜業なく済んだ事を感謝し工廠の帰途、呉に出て映画を見物。いつも日曜には映画だ。兄上が聞いたら怒る事だろう。でも俺にとって映画は第一の娯楽だ。音楽もだ。金があったら蓄音機《ちくおんき》も買いたいくらいだ。

十一月三日　月曜

明治節[38]。去年の今日は丁度舎で中之島《なかのしま》[39]に朝早く行軍して式やったっけな。

朝から外出。第一番は映画。何遍見ても面白い。

十一月四日　火曜

寒いと思って起きたらふとんが横になっていて、又掛け直して寝ようとしたら起床ラッパ鳴り出した。

十一月五日　水曜

舎に帰ったら的場《まとば》寄宿舎(40)の者達が堤（寄宿舎）に来ていた。あわれな奴　部屋に

十一月七日　金曜

そろそろふとんから離れるのが嫌になってきた。（大阪にいた頃は）起床が来てもふとんにもぐって寝て、寄宿舎（の）丸山校長先生に起きろと言われ、跳ね起きた事を思い出した。全部定時間。「道」(41)の本に夢中になりいつしか

十一月八日　土曜

曇天。まだ暗い。朝の道を工廠に急ぐ。工員達の顔を見れば、どいつもこいつも口を動かしている。食前食後に物食べる。舎生達の胃袋はどんなだろうと思う。

十一月九日　日曜

この間《あいだ》食べすぎて、ひどい目に合ってその時は絶対間食せぬと心に誓っていたが今日も亦食べた。腹いっぱいで苦しい。今度こそは今度こそはと思うけど一寸でも食わないと。

夜勤交代で昼から出た。無言のままで仕事をしていると僕が学校に通っている当時が色々浮

かび淋しかった。

十一月十日　月曜

叔父は毎日の様に僕等に学校から帰ったら夕方迄に家に帰って水を汲み掃除せよと言われるのだった。でもそれが実行できないで皆で食卓を囲んでいる頃に帰って、(叔父に)怒られた。今考えるとあれくらいの事で。

しかし叔父は一所懸命にやっていると「ほー、掃除しているなぁ」と空《から》になった魚の缶を背から下ろしながら言うのだった。子供等は商売から帰った父を

十一月十一日　火曜

こんな時もあった。今日はカレーライス作ってやるから肉を買ってこいと(言われ)鉄弥と僕は夕日に染められた港町を一目散に走る。家では隣のトメさんも来て支度《したく》している。板の間《ま》が歩く度《たび》にキーキーと音がし、子供等は近所に遊びに行って、やがて食事が出来、皆でテーブルを囲む。

十一月十二日　水曜

色々思い出させられる。夜も明け淋しい気持ちは何処かに消えて唯一人レールの上を舎に急ぐ。勝瀬君、舎を出る事を許可されて有頂天になっている。吾も。

八十四号室の郵便箱見るが何一つ来ていない。今日も来ないのか。

夕方は淋しく懐かしの

十一月十三日　木曜

昨夜から中本工手と竹中工手(42)とが夜勤だった。普通の日より一寸楽が出来ない。シトシト雨が降る中に

十一月十五日　土曜

今朝帰りがけ一寸耳にした、それは丙種《へいしゅ》合格(43)も召集されるとの事だった。兄さんも確かに丙種だったが、いよいよ兄さんも御国のお役に立たれる事だろう。召されることは良いが、俺にしてみれば悲しい。たったひとりの兄。

【特記】　勝瀬君も到頭舎を出た。

十一月十六日　日曜

夜勤あがりの全休日、何処へも行く当てもない。オマケに金も無い。一日中部屋に閉じこもっていた。玉那覇くんは朝から目も覚まさず、ふとんかぶって寝ている。

十一月十七日　月曜

昨日は夜業から帰って眠らずで遊んでいたので、今朝は眠くて眠くてやりきれなかった。これから毎日つらくなる。

兄さんが応召したら

十一月十八日　火曜

的場の舎生等が引っ越して来てから毎日食堂は混雑してうかうかしていたら後回しにされてしまうくらいだ。山本《やまもと》さんが一枚のハガキを俺に見せてくれた。そのハガキはやさしい母からの子を想う文章だった。僕は何遍も読んでみた。やさしい母の気持ち、羨ましかった。泣きたい俺

十一月十九日　水曜

寄宿舎を出ようか出るまいかと思案して、人と一緒に気ままに出来ない。残業して腹ペコペコで帰ったら郵便函に兄からの手紙が大人《おとな》しく待っていた。久しぶりの兄の便りが何より自分を励ましてくれる。

十一月二十日　木曜

まだ薄暗い空を見上げると、いつも見える星が見えない。曇天に違いない。労務主任の講話。今日のせっかくの楽しい定時間も下手な講話で過ごした。

十一月二十一日　金曜

一番苦手の起床ラッパ

十一月二十二日　土曜

残業の帰り道、思い切って歯科に入る。治すものは治す。

十一月二十三日　日曜

全休日の起床ラッパは喜んで耳に入る。すがすがしい冷気を部屋いっぱいに入れ大掃除だ。皆で張り切っている。こうして喜んでいるのも午前中だけだった。雨はシトシト降る。部屋には誰もいない。自分一人で兄さんがどんなに苦労しているだろうかと思うだけだった。益々《ますます》心が淋しくなる。

十一月二十四日　月曜

雨も上がりお日様が時々顔を出している。目が覚めるとすぐ家の事情が思い出され、何故にこんなに思うだろう。夜は夜で悲しい絵巻が転回していく。毎日の様に悩む。この小さい胸にも。

十一月二十六日　水曜

入れ歯をすれば良いが、金は幾《いく》ら、予算が違う。

十一月二十七日　木曜

入れ歯の事が気になり安眠出来ない。自分の思っているより高いのだ。先日も兄さんにあんな手紙を書いてやったが、兄さんの小遣いだけは自分が困っても送る心算だ。

十二月一日　月曜
どうしたか馬鹿に体が寒い。出勤も困難なくらいだ。（興亜）奉公日なので頑張って門を出た。

十二月二日　火曜
一日休んでから今日から普通どおり出勤だ。つまらない。八時半まで遊んでいたが、ぼちぼち本格的に仕事。

十二月三日　水曜
冷たいが雑煮はなかなか美味《うま》い。大阪にいればこんな餅を何杯も食べるのに。たった一杯じゃ、餅も食べた感じがしない。雑煮も今日限りだろう。無届けで休んだため工場でひどく怒られ、組合一同に詫びておいたが、無届け絶対にするなよ、河村。

十二月四日　木曜
戦いだ。

十二月五日　金曜

一週一度の楽しい定時だったが、歯科に行って二時間を過ごした。又も歯一つを抜いた。

十二月六日　土曜

朝ズボンをはく度に思い出してモモヒキが欲しい欲しいと思うが、買う機会がないので我慢せねばならない。残業の帰り途《みち》、店屋に立ち寄ったが何処にもない。

十二月七日　日曜

班長に悪かったが嘘ついて朝から外出を許可された。朝からの船に乗ってはみたが、中々寒かった。昼までに帰る予定だったが、パン買うため無断で時間を過ごした。日曜なので街は混雑していて、寿司屋などの前には一列に並んでいる。

十二月八日　月曜　萬歳

十時頃歯医者で自分の番が来る迄退屈まぎれにラヂオの音楽に耳をかたむけていたら、突然音楽止まって、只今十一時、(44)「畏《かしこ》くも宣戦の大命が渙発《かんぱつ》アラセラレました」とアナウンサーの声。

愈々戦うか。帝国海軍の意気示し時が来た。堪えざるを堪え、忍びざるを忍んできた。日本国民の血潮は滾《たぎ》って止まないのだ。今こそ日本の実力がもの言う時が来た。

十二月九日　火曜

昨日は雨を衝《つ》いて四国岡山等に警戒管制が発令され、愈々来るのかと緊張せずには居《お》れなかった。前の部屋の阿□君が来て十四日の余興大会に出演しようと無理に手風琴練習させた。床に就いたのは十一時だった。夕方からもの凄い（雨）。

【特記】 生信君から弁当券、立て替えてもらった。

十二月十日　水曜

戦《いくさ》三日目、新聞の軍事ニュースを見るのが一番楽しみだった。紙上一面に大きな活字で無敵海軍の。

新聞では勝利した事ばかり書いているが、苦戦して初めてあんな戦果が得られるのだ。

さあ、がっちり腕をくんで国民総進軍だ。

十二月十二日　金曜

第一番に帰ると先《ま》ず新聞を見る。何度読んでも我が海軍の奮闘の有様《ありさま》が眼前に現れてくる。

【特記】　貯金五円也払戻

十二月十三日　土曜
不思議な事には、戦争始めてから今日まで夜になれば曇天になる。
本当の暗闇だ。

十二月十四日　日曜
夜勤も無事済んだ。舎に帰ったのは（午前）十一時だった。僕等が一番早かったらしく部屋が静かだった。何かと淋しいのでトランクのアルバム(45)出して色々心慰めて一人、部屋に。

十二月十五日　月曜
このうす暗い電気は何時まで続くのだろう。工場から帰っても本読む事も出来ず。

十二月十六日　火曜
工場内は水雷部長が来ると言うので清潔にされ、歩くところには白線が引かれてある。仕事もなく退屈だった。毎日毎日御世話になった木村（鉛工所）の会社があまりに恋しくなり自分達が初めて大阪駅に降りた事など思い出すのだった。今考えるとまったく良い会社だった。いまだに働いている友達を考えると羨ましい程だ。

十二月十七日　水曜

愈々歯の型も取り、土曜に容れてもらう事になった。

十二月十八日　木曜

学校を出たばかりの僕等が憧れの大阪に着いた時は、大阪なんだこんな処かと口癖に言っていたが、今初めて木村（鉛工所）の会社が有難い程青年学校に対して懸命に努力した事が分かった。もう一度大阪で働こう。そしてもう一度楽しく心配事も忘れるくらいに愉快に。

十二月十九日　金曜

だんだん金も無くなり今度の休みはどう（しよう）。洗濯代も無いので（支払いは）給料日まで延期してもらった。

十二月二十日　土曜

起床時がくれば勤務員たちが「起きろ起きろ」と叫んで歩いて、知っていても起きない僕だった。そうこうしていると、校長先生が「起きろ起きろ」と部屋の襖《ふすま》を叩いて廻る、大阪の宿舎を思い出す。僕等、先生の声がすると跳《と》んで起きた。今頃多分眠い目を・・・僕はこうして（眠って）いたい。

十二月二十一日　日曜

うつらうつら眠っていたら、もう起床だった。又今日から夜勤かと思えば何故かしら淋しさを感じるのだった。

十二月二十四日　水曜

今日出たら明日は休みだ。張り切って登廠したところ、掲示板に水雷部《すいらいぶ》だけ出業する事が書いていた。水雷部の仕事はこんなにまで多忙なのか。せっかくの楽しみ失う。

十二月二十五日　木曜

夜明け頃から頭痛がして来た。バイトの動くのを見て居れない。火のそばで坐っていたら体が寒く、帰るのもいつもなら一番先に帰るのが皆に追い抜かれて漸《ようよ》う戻った。部屋で横になっていたら大掃除が昼頃までかかる。どうも頭が痛くて寝られない。仕方なく医務班に行って診《み》てもらう。

十二月二十七日　土曜

目を開けていろいろ考えてみる。又心淋しくなり、戸の音迄が悲しく聞える。昼勤者達が給料をもらって早く帰って来た。皆嬉しげな顔している。

十二月二十八日　日曜

朝、舎へ帰る途中に買物して行こうと思い、財布を開けたら昨夜あった筈の二十円が消えていた。この時工場の私物箱に落ちているだろうぐらいに考えて何ともなかったが、果たして行ってみた。当てがはずれ、探せども探せども無かった。僕はがっかりした。服を着替える元気も無かった。せっかくの小遣いも盗られ。

十二月二十九日　月曜

小遣いがほしいので貯金を払い戻そうかと思った。懐かしい大阪で貯めた金と思うと引き出せなかった。そうかと（いっても）一銭の金も無く正月出来ないので組長殿に相談した。何たる事だろう。

十二月三十日　火曜

正月まであと一日だ。街はなかなか賑やかだ。この土地の人達はどれ程楽しい事だろう。僕達には何の楽しみもない。せめて大阪に帰れたら舎友達と楽しめたのに。情け無い。今日また寒い夕暮れ（の中）を工場に出るのか、大阪は休んでいる事だろう。

十二月三十一日　水曜

運の悪い日は重なるものだ。昨夜あれだ、組長から今晩一晩で夜勤が終わりだから誤作しない様に注意があったのに誤作をやった。申し訳なかった。又朝、貯金から下ろすのも悪いから班長が二十円貸してくれ、早速街に出て活動（映画）に行った。

舎生達は焚き火を囲んで明日の正月話に花咲かせている。ああ早いものだ。知らず知らずに齢《とし》はふえる。近所の子供等はもう正月気分出している。思わず故郷想う。（木村青年学校では西館《にしだて》舎監囲んで記念写真写し、夜遅く西館舎監は大阪を去った。（映画から）帰ったのは五時だった。夜勤者も昼勤者も一緒なので部屋は明るく賑やかだ。

大晦日《おおみそか》だが除夜の鐘の鳴るまで起きている者もなく寝ている。天井を見つめていると大阪の晦日の楽しさ（が思い出される）、お菓子を囲んで余興大会

一月一日　木曜

起床五時。皆で裏の神社に参拝だ。ここに昭和十七年を迎えた。正月らしい気もしなかった。金は盗られ何が嬉しかろう。ただ部屋にいて寒さにふるえているばかり。今頃は小林君達はお雑煮を食べている事だろう。ああ思い出す、あの食堂

一月二日　金曜

月はコンコンと白い。澄み切っている。時々寒い風が顔に向かって吹きつける。もう今日から出勤だ。正月を迎えたら、思えば腹が立つ。普通の日だ。

南の地は血みどろだ。

一月四日　日曜

何故副班長は

毎日毎日僕等ばかり怒るのだろう。元旦早々から。

長生きしないぞ。腹のくろい野郎。
僕達もこう毎日毎日小言を言われると命が続かない様な気がする。
工場に行けば中本組は出勤率が悪いで怒られる。
今日も今日とて二、三名説教されている。
工場も益々厳格になってきた。
定時も今日で終わり。(46)

マニラ完全陥落
皇軍向かう処敵なし

第三章　道なき道なき　１９４２（昭和17年）呉海軍工廠時代Ⅱ

一月一日　木曜

大東亜戦争(1)の只中に意義ある昭和十七年を迎え、益々《ますます》吾等国民は戦勝に酔う事なく一億火の玉となり国難に当らねばならない。

起床は五時。表山《おもてやま》〔日当たりの良い、山の南側〕の八幡神社に参拝。神社は小高い所に、音戸の嶋の人家の灯チラチラ見える。何となく楽しそうだ。舎でも五つ雑煮《ぞうに》があり、何やら正月気分が出る。空は中々《なかなか》寒そうだ。今日一日外にも出ず部屋にいる。

今年は皆で時局を認識して年賀状一枚も出さない。又来なかった。

【特記】　一月の目標　戦時意識の徹底　欠勤皆無

一月二日　金曜

勤務員達の「起床、起床」の声に目が覚めた。今日から平常通り出勤だと思うと余計に暖かい床から離れるのが嫌だ。もし徴用で（呉に）来なかったら大阪で舎友達と楽しい夢を見ていた事だろうに。

八時三十分から作業開始。情け無い正月だと泣く泣く思う。仕事は全然手に付かず、機械だけ動かす。楽しむ処《とこ》もない。又一方でこんな贅沢言うてる場合でもないとも思った。やがて国のために消えて行くのを（考えるだけで）正雄は心臓が踏みつぶされる思いだった。

一月三日　土曜

冷たいが中々美味い、美味いなあと思っている中《うち》にもう無い。せめてもう一杯欲しい。寄宿舎にいればお替りお替りで喰べられるのに。ああ羨ましいなあ。これも一つの運命の徒《いたずら》だと思わねばなるまい。

無届けで休んで、えらい班長に怒られておまけに組合一同に頭下げて大東亜戦争始まってから工廠も欠勤について益々厳しくなってきた。自分も今後食物《くいもの》などに注意し頑張ろう。先ず健康第一だ。

一月四日　日曜

今迄気懸《きがか》りで仕事も禄《ろく》に出来なかった。器具粉末どうやら解決したらしく先ず安心。

叔母様からオーバー送って来ていた。姉さんの手紙によれば兄さんが俺のオーバーを着て通勤している、それでもまだ寒がっていると書いてあったが早速兄さんに着てもらおうと送り返す用意をした。

一月五日　月曜

今朝は餅だ。皆で張り切って配食している。僕もその中の一人だ。今日こそは余ったら腹の底抜けに喰べてやろうと（したが）思いの外、勝瀬君と約束があり、この寒い中を呉に出た。二人で写真を撮り校長に送ろうとしていたが止めにした。朝方チラチラ雪が降っていたが次から次からと解けて

先生も相変わらず元気でいる事だろうか。

一月六日　火曜

朝の眠い事ったら話にならない。工廠を休みたいくらいだ。大阪にいた時もこんな事は毎日だったがそれを思えば休めない。朝の暗い中から晩は日が暮れる迄、しかし大東亜（戦争）完遂のため銃を取っている勇士を思えば楽なもんだ。

頑張ろう頑張ろう。

楽しい唄　頑張（ろう）

一月七日　火曜

雨はシトシト降り続ける。まだ夜明けぬ中から毎日毎日通う。自分もそろそろ検査が近づい

てきた。良い工合に合格してくれればいいがと、いまだ来ない兵隊検査（徴兵検査）を夢見ている馬鹿者もいる。兄さんには大きな事ばかり言うて算術の本を送ってもらったが最初は懸命に頑張ったがのち……いつかは化けの皮剝がれる時が来る。今日は間食を止めた。

一月八日　木曜

今迄の興亜奉公日は廃止され今度毎月八日は大詔奉戴日《たいしょうほうたいび》(2)。この日は我々に対し忘れ様として も永遠に忘れる事の出来ない日である。八日式を行う、呉海軍工廠で。今日はその始めの一日である。

定時間だ。すぐ休もうと思ったが休んだのは七時だった。兄さんに便り書こうとしてペンを執《と》ったが床が暖まるにつれてウトウトしてくる。又眠くなった。

一月九日　金曜

何故こんなに眠いのか。どれだけ寝たら飽きるだろう。起床は一番つらい。今日は一寸寒くない様《よう》だと思ったら曇り、雨はトチントチンと降って来る。この頃僕は金に悩まされる。正月前二十円盗まれなかったら借金せずに済んだのに、そのお蔭で予算はメチャメチャになりオマケに小銭もない。検査も近いし何《ど》う仕様か毎日頭が痛い。それには先ず間食を絶対に止める事。

これのために金を使い果たしたのだ。着るのも着ないで今日から二十円貯金を必ずする。

【特記】　十三銭券　十銭券　各一冊ずつ

一月十日　土曜

二、三年前はどんな本を読んでも楽しく読めたが年を取ったせいか近頃雑誌等を見る。そんな本読む暇があったら算術でも習えと心が咎《とが》めるので本見る気もしない。俺の様に数学を知らない者は無いだろう。怠け者だ。社会の落伍者。

昼勤も今日で終わり来週から又夜勤だ。又淋しい気持ちになるなあ。

【発信】　與一郎《よいちろう》（兄）　與之助《よのすけ》（叔父）

一月十一日　日曜

今日はどうやら早く起き朝食を済ませて又床に入る。寝るのも昼迄だ。明日の朝まで働き続けるのだ。無理矢理に目を閉じて、ああ餅が食べたい、何故こんなに故郷の御馳走がほしいのだろう。風邪気がして頭がハッキリしない。串団子、小豆《あずき》餅、ごま餅、鯨汁《くじらじる》が頭に浮かんでくる。親さえあれば好きな物が送ってもらえたのに。不幸だ不幸だ。日が暮れるに従って冷えてきた。

【受信】　大阪・佃寄宿舎の人達

一月十二日　月曜

叔父の二階で兄さんと僕と子供達にやるお土産を、これは誰あれは誰と冗談言い乍ら楽《なが》しく分けていた。そこに姉さんが来て又賑やかになり、ああ何年ぶりだろうこんなに楽しい事はと思い乍ら目が覚めた。日記に顔伏せていた。夢か。また兄さんを思い出した。八戸に帰って急ぐ事なく遊びたい。温《ぬく》もったふとんを払ってとび起き、日暮れの道を工廠に急ぐ時にオーバーを送り返した事、後悔するが大事な兄の為

【特記】帝国潜水艦　ハワイ西方に於いて米国航空母艦レキシトン三万三千トン一隻ヲ撃沈へ

一月十三日　火曜

嫌々《いやいや》乍らの一晩も無事過ぎた。朝礼前だったが走って帰った。舎に来ても別に何にもないが只あるのは大東亜戦争が一面に載せられた新聞だ。餅でもあれやなぁ。新聞も大きく見れるが隣の班長室から餅の香りがプンと鼻をついてくる。起きていれば食うことばかり考えて腹が減るばかり。先ず床に入る前に叔母様に便り書く。苦心して書き終わったのは十一時三十分だった。横の友は新聞に顔伏せて鼾《いびき》かいている。又故郷の夢でも結ぼうか。

【特記】カカス飛行場完全占領

【発信】　ソメ（叔母）

一月十四日　水曜

昨日昼近く迄手紙を書いたので夕は一寸眠かった。一寸目を閉じればよろよろと前にのめる。目を開いて仕事に精を出そうとすれば又知らず知らずに意識を失う。人間はやっぱり昼眠る者だなあと感じる。舎に帰ったら入浴前に大掃除だ。皆で叱言《しかりごと》ブチブチで掃いている。ようやく落ち着いて床に就いたのは正午だったが、天井を眺める度《たび》にありし日の無邪気な時代が悲しくも淋しくもあったことが手にとるように浮かぶ。

【発信】　丸山校長

【受信】　鉄弥

一月十五日　木曜

今日は皆定時間で早く帰るので僕達も平常より三十分早く起き夕食をす。夕方から少し寒さが厳しくなってきた。舎の門を出たら小雪がチラチラと降ってきた。赤く染まる西の空は雪空というか見るからに冷たそうな鉛色にもくもく飛んで昼勤者は帰る。僕達はこれからだ、さあ急ごう。身に沁みる寒風に向って駿足だ。体は次第に汗ばんできた。この頃気持ちも楽になってきたようだ。しかし以前よりは不愉快だ。いつまでも余計な心配していたら限りがない。

【発信】　長瀬ルイ（叔母・姉の養母）

一月十六日　金曜

いつも半分くらい出来なかった仕事、昨夜は最後夜迄に頑張った。お蔭で一個仕上げた。まだ時間があるので火にあたる。これで昼勤者も気持ちよく仕事が出来る事だろう。講話があったので全員三時間残業、又駆足《かけあし》だ。舎に帰って一日疲労を忘れてコンコンと睡るのが何より天国であり慰安である。

【特記】　伝染病ヂフテリアについての講話があった。

【発信】　鉄弥

一月十七日　土曜

はるばる故郷を出てもう何年になるだろう。学校を出るとすぐ遊ぶ暇もなく若い僕達は都会に憧れ、胸を踊らせ乍ら故郷とも別れたその時は誰もが小さな胸に大きな希望をもっていた事だろうに。

一月十八日　日曜

二時間で帰る頃、珍しく雪が目に見える程積もっていた。寒い風が頬に。瀬戸内海も寒そうな色をして遠慮なく荒れている。たまの休みは夜業の朝明かりが……。舎に帰ったら掃除だ。廊下は冷たい。火もない。冷たい風が海から吹いてきて窓をたたく。昼頃までに終った。何処へも行く処もなく冷たいふとんに身を包んで日記を書こうとしてぼちぼち眠くなってきた。

一月十九日　月曜

あの時金を盗まれなかったら人から借りる事なく、何《なん》の心配なく面白く工廠等に出勤出来るのに。毎日毎日行く時帰る時、頭を抱え考えて歩くのだった。買い物する事が出来ず、予算は苦しく小遣いも欠乏。大阪だったら小遣いなどは誰かに心やすく借用出来るのだ。金が欲しい。又鉄弥から送ってもらうか。疲労しているのか睡眠が足りないのでふとんに入ったら眠くなる。手紙も書きたいがペンを置く。

一月二十日　火曜

幾ら眠っても眠い。階下の方から、勤務員の声がかすかに聞えている。それが近くなってくるから、どうにも仕方なく起きなければならない。朝だけは夜業の方がいいなあ。工廠内でも若い者達が志願だ志願だと至る処で噂している。まるで数学を知らない俺を責めるかの様に聞える。数学が出来たら俺にだって。川口のあざやかな計算が羨ましい。懐かしい兄から手紙が来ていた。その手紙の中に叔父與之助も徴用されたと記載していた。僕は思わず憐《あわ》れな叔父を可哀相に思った。口の不自由な叔父が皆に馬鹿にされまいかと……

【特記】　購買所で八ツ折（下駄）一足　菓子券一冊

【受信】　愛する兄さんから

一月二十一日　水曜

徴用された叔父の事が心配でたまらない。機械等の経験もなくおまけに口が不自由。性質は温和な方であるし、皆に馬鹿にされているのではないだろうか。厳しい海軍の規則の中で無事で働ければ良いが。出来れば自分が横須賀に移転して叔父の力になってやりたい。こんな事考えても無駄だ。この事を話して実現されるのだったら今すぐでも叔父のもとに行きたいが。僕達にも苦しいことがあるのに苦労するだろうなあ。規則に違反せぬ様に無事で働けることを祈る。

【受信】　校長先生

一月二十二日　木曜

阿部君に鯣《するめ》(3)やったら餅くれた。定時間で帰途。久しぶりに餅を焼いて喰べられる嬉しさに帰るのを忘れていた。一寸気が付いたら十五分過ぎているではないか。焼きかけの餅を持って走った。定時間で帰る時には定《きま》って何か買っている。店の前に一列に並んでいる自分も金さえあれば買う気だが、お蔭で久しぶりに買えなかった。これで良いのだ。自分は今迄金を無茶苦茶に使ったのだ。うんと腹が減って苦しめ。無文《むもん》注文(4)した。

一月二十三日　金曜

中々眠い。もう二日の我慢だ。夜勤交代で昼まで眠れる。起き様《よう》とすれど目が開かない。暖かい床から離れるつらさ。全く休みたいくらいだ。

今日から学校だ。二時半から教練、教員はやっぱり軍曹だった川上教官。元気で明朗な姿が思い出される。真っ赤な夕陽を正面に受け、僕達は教官の散開(5)の話に夢中だ。教える人も亦、懸命に手真似で頑張っている。良い教員だ。活発で男らしく教練終わった後、修身公民(6)。五時三十五分終了。

一月二十四日　土曜

一緒の組で働いていた川口君はとうとう志願入隊のため工廠を去った。頭の良い彼を泣く泣く羨《うらや》ましいと思った。

働いていても何か甘い物を食べたくてやりきれない。楽しみは三度の食事だけだ。よくもこんなに賤《いや》しくなったもんだ。吾れ乍ら感服する。

一月二十五日　日曜

昼まで寝れるという気か今朝はあまり眠い事もなく起床喇叭《ラッパ》と同時に起きられた。朝食済ませて床に入り先ず日記を書く。自分の日記を読んで変わった文はなく、まるで一年生が書いてる様で吾れ乍ら何《な》んだと思った。もっと上手に書けないものか。

懐かしの友に久しぶりでペンを走らせた。あまり懐かしい思い出ばかりあるので最後に何だか自分も淋しい気持ちになったので文を断線させた。しかしあの寄宿舎は僕にとっては死んでも忘れられないだろうなあ。入社当時を目を閉じて過去を反省して見る。

【特記】　夜勤交代の昼出　明日の朝迄

【発信】　小林寿　西平広光君

一月二十六日　月曜
昨夜は仕事も切れて次第次第に眠くなるばかり。仕事があれば少しは眠いのは我慢出来るが無いのには負ける。知らず知らずに二十五日も明けて楽しい朝が訪れた。眠いのも忘れ、水道に走る。
鉄弥から手紙が届いた。早速開封したところ中に三円紙幣が入っているのには驚いた。五十銭でも一円でも良いと云うのに大金寄越《よこ》した。返事には嬉しげなことばかり書いたが、実は嬉しいどころか叔父叔母などに悪い事した様な気持ちだった。僕も給料日が近いので五十銭で結構だった。良心が咎《とが》める。
【発信】鉄弥
【受信】鉄弥

一月二十七日　火曜
十二時迄は仕事があるので緊張しているのだろうか眠気も感じない。仕事が済んで何も手をつける物が無くなると、ぼちぼち目が〆切してくる。眠気を防ごうと例の軍人勅諭(7)を読んでも駄目だ。最後には目にまかす。
この間金を盗られなかったら鉄弥から送ってもらわなくても済んだのに。クツも買うことが出来ない。服も出来ない。衣類は切符制(8)になり計算していたのに皆水の泡だ。オマケに今日の勘定も借金返せば小遣いはない。来月からは又過去は水に流して明朗になろう。

【特記】　二十円也貯金ス　警固屋町　十二銭券購入

一月二十八日　水曜

とんだ災難のお蔭で叔父の家にも今日は送金できない。正月だと云うのに借金は早く返して来月からは頑張ろう。こんな事思い乍ら舎に辿り着いた。

掃除も済んでさっぱりした部屋に大東亜地図(9)をひろげ、我が皇軍の戦果の跡を指さし乍らいちいち見る。何年後かにはこの南洋の諸島が日之丸で埋《うず》められる時が来るだろう。

一月二十九日　木曜

給料日だが大した嬉しい事もない。皆嬉しげに渡し場に一列に並んでいる。自分も早く笑顔で受け取れる様になりたい。舎に帰ったら部屋変更〔八十四号から三十三号へ移動〕の事が黒板に書いてあった。朝食を済ませて移動の準備だ。住みなれた部屋とお別れだ。色々な物を整頓している中に思い出懐かしい物があったり。移動する時たしかに引出しにあった腕時計が紛失しているのに気が付いた。

【特記】　着物を送った

二月一日　日曜

久しぶりにシトシトと降り出している春雨、何やら肌寒いものが感じられる。昨日は一日眠らず呉に出ていたが別に眠いと言う程でもない。夜業も終わりで張り切っている。雨が降らなかったら街に行こうとしていたが、ふと大阪の寄宿舎で雨降りの休日に寝ていて何とも言えない気持ちがした事を思い出した。こんな時は寝た方がいい。部屋では皆んなで寝そべって本を読んでいる。また袋縫いしている友もいた。自分は床を敷いて外の糸の様な雨を色々考えながら見ていたら淋しさを感じてきた。一日中ふとんに入っていた。手紙に書こうとして枕許に便箋を置いていたが、すぐ眠くなった。

二月二日　月曜

前の部屋と違って消燈しても廊下に灯っている電気が僕等の部屋を照らしている。日記を書くには好都合だ。一寸書いたがもう起床らしい。階下で雑談が聞えてきた。日記を伏せて寝ようとしたら喇叭が鳴る。

日記も毎日同じ事ばかり書いて、日記をつける自分も同じ事ばかりで嫌になる。

二月三日　火曜

買うまい買うまいと芋やの前を通り過ぎたが何《ど》うしても見捨てて通れなかった。三月《みつき》も四月《よつき》も前から間食を止める事にしているものの今日迄買うまい買うまいで喰べて来た馬鹿なやつさ。金の無いのが一番いい。

舎に戻ったら、髙橋四郎君から手紙が来ているではないか、懐かしの四郎君とばかり開封した。中には髙橋（君）らしい文句で書いている。

【受信】　髙橋四郎

二月四日　水曜

今週は降ったり曇ったりでまともに晴天の日がなかった。これも皆敵機来襲をさまたげる本土を守る神の与えた天候だろうと想像する。相変わらずショボショボ昼から降り出してきた。

二月五日　木曜

寒さは又やってきた。五時三十分と云えばまだ暗い。月は更々《さらさら》に青白く光っている。金波銀波に光る波道、高下駄の音もカラコロカラコロと工場に急ぐ。足袋《たび》の履《は》かない足に冷たい風がキリキリと沁みる。家にいた時は叔父に早く起こされ荷車を引いて中本組長〔呉工廠の仕事を請け負う業者の長〕に二十円借金してたが、今日支払った。これで背中の荷も下りたと言うわけだ。

二月六日　金曜

この頃毎日朝早く、一人先に舎を出るので何とも言えない気持ちがする。高下駄の音は程良く響いてまるで凍りついた雪の上を歩く様だ。後の方から二、三人の足音が聞えてくる。芋やは早起きしている。金の持ち合わせない自分は生唾飲んで過ぎ去る。これも亦《また》良い気持ちだ。今日工廠でまだ一度も行《や》った事のない血液検査をやった。最初は気絶するのではないかと恐《こわ》い様な気がしたが、やって見ればたいしたことはないが自分の真っ赤な純血は試験管に入れられた。血液検査をやったせいか馬鹿に腹が減った。

【特記】ジョホールバル〔マレーシア半島最南端〕占領　クツ修理

二月七日　土曜

素足はいつの間にか皹《ひび》が切れて風にあたるとヒリヒリと沁むのだった。今迄こんな事はなかったが、海からの寒風に参ったらしい。去年の冬は大阪で足袋を履かずにあの佃〔木村青年学校の寄宿舎のある町〕と兵庫県の左衛門橋《さえもんばし》を毎日毎日通ったが何ともなかった。

二時間半で舎に戻り、先ず図書室に入り新聞を見る。何処からか芋の焼く匂いが腹ペコペコの自分にプンと流れてきた。（宿舎）三十三号室の郵便箱には一通の手紙も入っていない。ああ今日もないのか。

二月八日　日曜

朝食が終わって又ふとんの中に入り、二度の眠りに就いた。外はまだ暗い。廊下は昼勤の者の通る足音でやかましく聞える。漸《よう》う眠りついたと思ったら「夜勤者起床」の叫び声か。知る舎生達は起きないらしい。幾度も幾度も窓を叩いて怒鳴りつけている。集合したら又掃除だった。皆で遅れず済んだのち清々《すがすが》しく、春らしい気持ちだ。

【特記】　大詔奉戴日

二月九日　月曜

昨夜は大分冷えた。一度火にあたると火から離れるのが嫌になるくらいだった。朝食を済ませて風呂に走った。まだ誰も入っていない。寿屋《ことぶきや》（の）朝風呂は何となく気持ちが良い。昨夜の汗と油がついた舎生達の顔が風呂に入る楽しみを物語っている。
無茶苦茶な寮長だ。掃除に遅れたからと力一杯殴っている。殴られた三人に同情する。
シンガポール敵前上陸。午後七時テンガー飛行場完全占領。
シンガポール陥落ももうすぐだ。

二月十日　火曜
この間三日迄は暖かったのに急に寒くなってきやがった。夜業なども火にあたっている方が熱いが、後ろ背の方がまるで水でもかけられた様に冷たいのだった。
部屋には一人だ。こんな時芋でも喰べ乍ら寝ていたら何んなに良いだろうと思いついて海岸通りを芋やにと走ったが残念乍ら。
【特記】　シンガポール敵前上陸に成功　皇軍輝く歴史的一歩
【受信】　橋本三郎

二月十一日　木曜
今日は久しぶりで胃袋に一杯つめて胸やけがまた始まった。やはり腹の減る程度が体の調子が良い。今度こそ暴食は絶対に止《よ》す。悠久無辺二千六百二年の紀元節を迎えた米英撃滅の大東亜戦争下最初の佳節《かせつ》〔祝祭日〕である。そして精鋭なる皇軍は開戦以来二か月余にして南太平洋を制圧している。シンガポール島の上陸にも成功し戦果は急速度に拡大されている時、我等はただ感激あるのみだ。この舎でも午前十時より全舎生長蛇の如く列をなし武運長久祈願に向う。

陸軍部隊午前八時シンガポール市街突入

【特記】　昼食は舎生始め勤務員迄皆一緒に戴く特別のご馳走だった。夜は夜はで食堂で映画の会が催された。

二月十二日　木曜

窓叩く音が夢うつつに聞えていたが、目を覚ましたら実際に窓ガラスを修理しているではないか。帳《とばり》も開けて部屋に明りが入っている。今日も亦曇りで寒そうな日和だ。寒いのでカーテンを引くのも大儀だ。起きたからには最後もう眠れない。楽器を出して音楽を楽しむ。寂しげな「男の純情」(10)の伴奏。

三週間前徴用されて行った叔父〔與之助〕から鰯送って来たが、まだ残っている。

【特記】　毛布借用

二月十三日　金曜

猛烈な寒さだ。指先迄がよく堪《こた》える。手袋は片方を失い帽子はかぶらずオーバーは着ず海岸からの寒風は何のその、さすがは雪国の若者だ。芋などの暴食は絶対に止める習慣をつけないといけない。今晩も腹がグウグウ鳴って気持ちが悪い。丁度仕事もないので休養出来て助かった。今日から暖かい毛布にくるまって寝れるのが楽しみだ。

二月十四日　土曜

夕方の寒さは故郷を思い出す。遠く海の彼方を見れば小さい漁船らしいものが帰ってくるのか、漁に出れるのか灯が消えたり灯ったりしている。目を鎖《と》じれば島影に夕餉《ゆうげ》の煙が横に流れている。故郷にいたら今頃は叔父（政次郎）が行商から帰ってくる。子供達は一日中見なかった叔父をどれだけ待ったか知れない。吾も吾もと叔父のところに走っていく。叔父は今日の疲れも忘れ、吾が子に迎えられ乍ら地下足袋をぬぐ。叔父は吾を呼び籠の中にカレイがあるから焼こうじゃないかと言うのだった。ああ、いい風景だなあ……僕でなかったらこんな楽しい夢を見ないだろう。

二月十五日　日曜

二時頃洗濯するに表に出た。雨が降っているだろうとばかり思っていた。珍しくあたりは白く電柱の灯でチラチラ風に吹かれて（雪片が）降りてくるのが見えた。冷たい風が時々顔を撫でる。真っ暗な洗面所でただ水音ばかり聞える。思い切り洗濯物を水で洗濯した。指先にキリキリする雪も降る、いいのだ今日は旧正月だった。仕事場にもどったら雪だるま作って機械の上に置いたりしている。今頃は故郷も雪だろう。久しぶりに昼あがり。雪もとけ。

【特記】　シンガポール遂に陥落。時まさに二月十五日午後七時五十分

二月十六日　月曜

牙城シンガポールも遂に陥ちた。吾等銃後国民はすべて今心から深く深く叫ばずにはいられない。米英の暴戻《ぼうれい》(11)に堪忍袋の緒を切って皇軍が蹶然起《けつぜんた》って七十日目(12)敵英国が長き□の年の本拠に堂々日章旗が翻《ひるがえ》った。

見よ吾が無敵皇軍

米英よ思い知ったか

万歳万歳

【受信】　髙橋二郎

二月十九日　木曜

今日も亦、廊下の所で食堂に入るのが遅いとかで二人怒られている。怒ったと思ったらもう二人のほっぺたに手が飛んでいた。朝から可哀相《かわいそう》に。殴る寮長を憎く、ならば背後から蹴《け》とばしてやりたいくらいだ。舎生は下を向いたまま黙っている。殴る程悪いことをしたと云うのだったら兎《と》も角《かく》、食堂に入るのが遅いくらいで殴ってる、しかもこれから出勤する時、あまりにも無茶苦茶だ。殴るのだったらもっと暖かい心で殴れ。まるで仇（にされるため）に寮に入った様なものだ。

二月二十二日　日曜

全休日だ。いくら掃除しても汚ない。部屋を又々努力して三人で気持ちの良い部屋にしようと務める。夜業者は続々と帰ってくる。街に出ようか止《や》めようかと迷っている中《うち》、徴用で出発の際に阪急百貨店で買い求めた思い出の万年筆を落とした。記念すべき品だ。前にも度々あったが、すぐ自分に戻ってきた。今日は本当に失った。名前まで入っていた万年筆よ、心あらば主人の手に戻ってくれ。

【特記】　今日も亦一通の便りも来ず

二月二十三日　月曜
昼業者達は出て行く。僕一人が部屋に取り残された。今週も亦淋しく過すのか、嫌だなあ。部屋の真中に一人で寝るのもいいが、何一ツ心を慰めると云うのもない。

二月二十四日　火曜
夕べは食べ過ぎて十一時過ぎから腹が痛みだした。便所に行っては口に指を入れて吐き出した。こんな時健康な人が羨ましく思う。そんならなぜ暴食するんだ馬鹿者。何か塩辛いもの食べたかった。干カレイ、鱈《たら》など送ってもらうかと夜は思って決心しているが夜が明けるとやっぱり止そうかとなる。苦しい夜は明け、雨はもの凄く降っている。玉那覇《たまなは》から下駄借りて十時頃から四時までぐっすり寝た。目覚まして先ず行く所は郵便受けだったが、せっかくの想像も無駄だった。

二月二十五日　水曜
呉の街は俺からいろいろな物を奪った。今日も亦、身分証明書を失って懸命に探したが到頭《とうとう》見つからなかった。まるで人を馬鹿にしている。二、三日前には懐かしの阪急百貨店で求めた万年筆を失い、故郷を発つ時もらった石鹸箱（も）。

吹雪だ吹雪だ
道なき道なきだよ
もう四日

【発信】 国民の音楽

二月二十六日　木曜

この二、三日田中さんは毎晩弁当を持ってきては、夜食べても何の価値もない、かえって腹が悪くなるばかりだと（云って）僕に食わしてくれるのだった。久しぶりか、いや何年という間弁当飯を食べた事がなかった。毎日工廠のボロボロの飯を食っていた僕には有難かった。おかずがないが美味い。

用件の事でハガキ出しても何一ツ返事が来ない。せめて返事だけでも出したらいいんじゃないかな、何故そのままにして置くのだろう、もしも万一の事だったら何うするんだ。

二月二十七日　金曜

一週間前から休暇を願っていたら休暇が許可になった。

【特記】　慰労休暇にて帰郷す(13)（昭和）十八年五月二十五日　曇り

三月一日　日曜

咳が出るのには苦しかった。

三月二日　月曜

起床ラッパは何遍も鳴るが一寸起きる気になれない。もう一寸もう一寸で寝るのだった。昨日の夕方はもくもくと曇っていたが雨が降り出している。時々窓にあたる。外は暗い。水溜《みずたま》りは時々波を打っている。暗い道を登廠だ。田舎道で水溜り。不用心だ。作業服もなく洗濯も出来ず。

三月三日　火曜

日はトップリ暮れて工員達はどの人どの人も我が家に急ぐ足どりだ。家では夕食の支度して夫、兄、子等を待っているだろう。そして楽しく一家団欒で食卓囲む。いいなあ。

三月五日　木曜

雨はボチリボチリと降って来た。靴を履いているので傘取りに戻るのが邪魔くさかった。傘を持って来ようか止さうかと迷いながら舎を後にした。雨は益々降り出して来た。工場に着いた頃には（ずぶ濡れ）。

到頭定時間迄に（雨は）止まなかった。たまに帰る定時も

鉄弥君の小包には餅と鰑が入っているではないか。

三月六日　金曜

鉄弥君小包有難う。しかし今日工場から帰ったら兄からの手紙が来ていた。その手紙を見て、俺は君を憎かった。俺を思ってくれるのは嬉しいが俺が書いた手紙など（どうして）家に知らしてやるんだ。別に送ってもらって喰べたいとは思わない。いちいち故郷に知らしたら俺は八戸に帰れなくなるんだ。叔父たちも俺をどう思っていることやら。未《いま》だに何一ツ喜んでもらう様な事してないのに、いつもの小包と違って嬉しくもない。只々この馬鹿者を何う思って送ってくれたのだろうと心配だった。金一銭も送った事なし。南方にでも行きたいな。赤道越えて。

【受信】　兄　鉄弥

三月七日　土曜

午後から益々寒さを増してきた。真黒けな雲が北の空から広がって、青空の妨《さまた》げになろうとしている。悪魔奴。

三月八日　日曜

感激に明け暮れた第三回目の大招奉戴日だ。十六年十二月八日敢然として正義の刃を奮った帝国陸海将兵は、海に陸に空に無敵海軍の征くところ何者も敵なし。

攻撃一週間にして近代科学を集めて作ったあの三大要塞の一つシンガポールも今日皇軍の手によって陥《おと》され、次から次からと南方の島々にへんぽんとして日章旗がひるがえる時、只々感謝と感激のほかはない。今日この意義ある八日を迎え、吾等堤工員寄宿では約一時間の行軍を行った。最後に聖寿(14)の万歳を唱え正午に終了。その後舎生達の外出した後の静けさを利用してゆっくりと眠りに就いていた。

【特記】　夜六時三十分から食堂に於《おい》て第一回の舎生雄弁大会主催

【受信】　鉄道便で荷物が来た

三月九日　月曜

皆出勤したのちの部屋は何となく静かだ。電気を消して眠りに就こうとウトウトしている。中々眠れない。昨日叔父から小荷物が来たが、まだ手を付けてない。叔父独特の手で固くしばった縄を先ず切った。中には餅、煎餅《せんべい》、甘い菓子が入っている。これを見る時まだ一度も送金した事のない自分が恥ずかしかった。沢山あると云う砂糖菓子じゃない。配給らしい。食わずに送ってくれた叔父は何も言わず只僕等の成長を待っているに違いない。

三月十一日　水曜

三月十一日僕の誕生日を迎える。益々健康にならん事を祈る。淋しい誕生だ。過去を省み自分の生きて来た道を辿る。幼い時から父母と別れ祖母の手により他の子供達と変りなく何の心配もなくこれ迄成長させてくれた、その祖母もむなしくこの世を去った。孝行の真似も出来ず、せめて喜びの顔を見たかった。その後何によらず兄姉叔父を頼りに今日に至った。

三月十二日　木曜

故郷の味ももう無くなった。又しばらく食えない。去年の今日、今晩鉄弥が旅行で大阪に来ると云うので朝から仕事が手につかなかったなあ。古い日記を一頁一頁めくると数々の思い出がある。こうして誰も居《お》らぬ一人部屋でシンミリ思い出すのもいい。淋しく涙で別れた後で肝心の記念撮影するのを忘れた。残念に思う。

三月十三日　金曜

雨は小降りになってきた。舎に着く迄ひどくならぬ様祈り乍ら、数多《あまた》の人を抜いてトップを切る。

去年大阪駅で鉄弥と別れる風景がまざまざと浮んでくる。刻一刻と発車が迫ってくる。何も買ってやることの出来なかった自分は只鉄弥に三円紙幣を握らせた。列車は次第にホームから離れて行く。手を大きく振って鉄弥も亦懸命に振っていた。いつか列車は朦々《もうもう》たる煙の中に消えて行った。

三月十四日　土曜

気候もだんだん温和になって昨夜などは火も入らないくらい暖かだった。シャツ一枚ではまだ寒気がするがこれからは汗が出るくらいになるだろう。雨はショボショボ降り出した。

真暗な中に雨に濡れるレールだけが一直線に光っている。

雨は止みそうもなく降り続ける。今朝までショボショボと降っていたのが眠気も覚める様な

雨音に変わる。裏山は霞んで

三月十六日　月曜

二時間残業でへとへとで戻ったら姉上の手紙が待っていた。しかも成田山《なりたさん》の御守(15)が入っていたのだった。俺の事をこんなに迄心配してくれる叔母姉上に対し何も送ってやる事が出来ず誠に済まない。このうえは自分の体が続く限り働くのがせめてもの（恩返しだ）。手紙の中には色々な事が書いてあった。兄さんも到頭、叔父の家を出たとの事。それも徒事《ただごと》ではないに違いない。何か訳《わけ》があるだろう。

三月十八日　水曜

職場から火が除《と》られ春と云えどもまだ肌寒い。昼が近くなるにつれて何やら暖かさを感じる。日向《ひなた》では板塀にもたれ雑談している。横の方ではセーラー服を着た女工員達がボールで遊びたわむれている。ああ春だ。和やかな春だ。

【発信】　姉

三月十九日　木曜

工場の天気予報は「明日は雨」と何回放送したかしれないが、一向《いっこう》に雨の降る様子もなく今日なんかは足の指が千切れるばかりの冷たさだった。昼などは良い天気だったが風があるのでとても寒かった。

この頃工場に行っても話もする気もなく、ただ旋盤《ばんこ》に齧《かじ》りついて（いる）。

三月二十日　金曜

外は良い天気だが、工場内には日の光も入らない。日の当たらない処で仕事に。

三月二十一日　土曜

だんだん工廠の全休日にも楽しみをもつ様になった、今日はその全休日だった。いつともなく早く目覚めた部屋は未《いま》だ暗かった。廊下の電球だけ灯っている。その淡い光。友達の寝顔を照らしている。もう起床の時間らしく、事務所の方がやかましく、話し声が聞える。

思えば去年徴用出頭書が来た日だった。

三月二十二日　日曜

自分は何とかして楽譜を見ることを覚えて何遍でも奏してみたいがやっぱり駄目だ。東京だった、教えてくれる処が。広告を見る度に東京を恨《うら》めしく思う。

三月二十三日　月曜

しばらくぶりで定時間に帰る。雨がシトシト降り出して来た。誰も通らない暗い道を雨に濡れ乍ら道を急ぐ。道にはなんにも燈《あかり》が点いてないが。

三月二十四日　火曜

工廠に行っても何も面白くないので誰とも話したくない。只何を考えるともなく仕事をしている。仕事のない奴等、幹部の目を盗んで洗濯している図々しい者もいる。

止みそうもなく降っていた雨が四時頃にはからりと晴れ、春風は洗濯物を揺すぶっている。調理場の大きな煙突からも和やかな春風に吹かれ乍ら、薄煙が横に屋根を伝って線を引いている。春だなあ。去年の今頃大阪で何していたかな。

三月二十五日　水曜

夜勤者僕一人なので廊下の掃除済んだ後、部屋も掃除するのだった。（宿舎）三十三号室の成績を上げ様と頑張った。汗は頬伝って流れる。今度は寝巻の洗濯だ。洗濯日和。何処の部屋のベランダにも紐が張られた。床を敷いた頃はもう十時三十分前だった。

春の和《など》やかな風にのせられ横の国民学校から巣立つ生徒を送る。蛍の光が聞えてくる。夢うつつに聞き乍らああ早い、この蛍の光に送られてからもうかれこれ五、六年になる。無邪気な小学校時代の楽しみがまざまざと偲《しの》ばしい。いつまでも無邪気で暮らしたかったが、今ではいろいろ知り、山（は）果てしない。

三月二十六日　木曜

毎日一人で掃除するのも楽でない。せめて僕の時だけでも良い成績を上げる。毎日毎日雑巾がけ。

三月二十九日　日曜

明くれば二十九日僕等の給料日だ。さあ今月幾ら、あるかなあ。

四月二日　木曜

組合からの代表（派遣）で進水式に参加し、いろいろ記念になった。始めて見る進水式。軍港に停泊した艦から轟く礼砲に迎えられ、三笠宮殿下も御出《おい》でになられた。赤白の布で巻かれた桂、又白い天幕内に君が代吹奏の軍楽隊が入られた。やがて命名式が終わり二、三十人の工員達の合図で材木取る作業も敏速に行われ愈々進水するばかりだ。観覧する人達は天幕内に御出での工廠長の方に注がれ、数秒間の沈黙が続いた。

四月三日　金曜

もうすっかり春だ。あっちこっちに桜が咲いて同室の者達は岩国に行くのもある。街に出るのもあり。寄宿舎でも特別の折詰弁当を作り、中には赤飯が入っている。十二時になった頃はもう舎内に何の話声も聞えない静かさだ。自分も朝から出るはずだったが出ようと思った時はもう乗物は皆満員だった。交通不便な町だし諦《あきら》めて海岸でうっとりする。日を浴びながら向こうの山の花も白く春。

四月七日　火曜

部屋の掃除もこの頃は丁寧にする気になれなくなった。自分だけ綺麗にやろうと思っても他の者も綺麗にやろうと（いう）気がないので自分だけ懸命にやっても無駄だ。統計表次第々々に遅ればかり。

四月九日　木曜

黒砂糖ばかり食べるので胸が悪く頭迄悪く

【発信】　代理部　髙橋

四月十日　金曜

怠けた怠けた、一週間《(原文ママ)》も日記に触った事がなかった。昨夜は腹具合が悪くて吐きたい気分だったが、昼怪談を読んだので思い出して何処にも行く気になれなかった。知らず知らずに眠っていた。

二、三日の天気続き、でも今日は雨となった。時々雨の音が聞えて眠れない。明日までに止んでくれれば良いが、あれ程咲いている花も散っていて、そして又来年の春を待つだろう。

四月十一日　土曜

久しぶりに食糧を求める（ため）に音戸に渡った。音戸は僕達にとってはオアシスだ。太陽はもう頭上に照りつけている。細路《ほそじ》にも日は照りつけている。遠く彼方に緑の島々が金波銀波に浮いている様だ。小脇に風呂敷包みをかかえてやってくる。それ〔風呂敷包み〕には美味しい物が入っている。僕もその方に向って走った。並んでるわ、並んでるわ。餅を買うぐらい時間は問題にしない。今晩から暖（か）。

四月十二日　日曜

春とは云っても夜は寒い。夜業も後二日で交替と云う時、夜業者になくてはならない火を除《と》られ、この二日は足の先が冷たい程寒かった。他の連中達は色々物を片手で差上げたり棒押したり力自慢して体を暖かくすることを懸命にやっている。夜更《よふけ》の二時三時頃は身ぶるいするくらい。でも今日は（夜業の）最後だと思えば何となく馬力が出るのだった。好きな唄を唄い、増産へ増産へ。

曇天だ。街に出るのも止めて、帰る頃に降り出した。

四月十三日　月曜

起床ラッパは夢を破って鳴り出した。一週間の夜業に疲れているので中々眠い。昼勤はこれが嫌だと泣く泣く思った。雨の降りそうな天気だったが東の空に日が昇り始めた。

昼は眠気のする程暖かいが夕方から寒々《さむざむ》風が吹いてくる。

四月十四日　火曜

去年の今頃は校長先生に手伝われて大阪駅に荷物を運んでいた。そして十時何分の汽車で兄達は俺のためにわざわざ大阪に来てくれた。宿は大一ホテルだった。何年ぶりかで兄弟　緒に寝た。あの時の楽しかった事でホテルが馬鹿に恋しい。

十六日の保健日、定時間は十三日変更になった。

四月十五日　水曜

阪急前の感激思い出せば去年の今日長い間世話になった大阪又舎友達と手を取り合って別れた日だ。あの時の場面がありありとまだ頭から消えない。

道を通る子供達を見る度、叔父の子供達を思うのだった。学用鞄《かばん》でも送ったらどんなに喜ぶことだろう。大分大きくなった事だろう。大阪の駅頭で兄達の「万歳万歳」の声に送られ人ごみの中に片手を高く振り振り見えなくなった。

四月十六日　木曜

「海軍労友[17]」の新聞にこのような「姉の手紙」と題した文が書かれていた。

「私達はお前が都会染みたスマートな青年になって帰っても少しも喜びません。お金などは勿論入りません。只お前が産業戦士として御国のために立派に御奉公して健康な身体と逞しい精神で帰ってくる日を何より楽しみに待っています。健康な体と正しい美しい心、それがお前の私達へのお土産です。私達はお前の心の土産を戴ける日を強く信じて待っています。」自分はこれを読んで成程と思った。（この手紙をもらった）作者は良い姉さんを持って仕合《しあわ》せだ。健康で正しく道を進む事が何より孝行だ。僕の姉さんもきっと健康で立派に奉公する事を祈っている事だろう。

四月十七日　金曜

話によれば徴用期間が延期になるとの事。会う人会う人が噂している。そんな馬鹿な事があるものかと思うが、心の中では心配だ。果して何う発表することやら。嘘であってくれ。もう一年も張り切って頑張っている僕達だ。徴用延期となったら一体どうすれば良いだろう。若い青春時代は二度と無い。自由に働きたい。こんな事を思っているのは僕ばかりではないだろう。

四月十八日　土曜

午後四時頃のニュースで我が本国名古屋及び神戸が空襲(18)されたと発表した。時刻は午後の三十分名古屋二機、神戸一機、帝都七機、小癪《こしゃく》にも我が防空隊の目をくぐって最初の来襲、今

後これを機会に飛来して□することだろう。吾等は慌《あわ》てることなく国土防衛に務めるしか

【特記】　明日十九日　全休日中止

四月十九日　日曜

今日は全休日だったが出業日になり知らない者もあった。不参（者）も多いが工場内も一段と緊張をし持場持場《もちばもちば》に哨戒の飛行機は暇《いとま》なく飛んでいる。空襲は怖るるに足らず、見よあの哨戒する機を、編隊を崩さず。

四月二十日　月曜

入廠以来昼交替の時、夜に出たことがなかったが今日始めて夜から出ることになり、映画でもと思っていたが朝から降り出した雨は益々強くなるばかり。いっそのこと諦めてふとんにもぐりこんだ。馬鹿に雨の音が気になるのだった。

午後から小降りになったが止みそうもない。

益々強くなる事。

そしてもっともっと男らしくなる事

五月三日　日曜

数日間も日記を怠けた。仕事していても何だか物足りない様な気がして後悔するのみだった。こんな俺でなかった。大阪にいた当時は「良く毎日日記を書くね」と友に言われたもんだ。今の俺は昔の様な明朗な人間になれなくなった。故郷、恩師、友にさえ便りを書く気になれない。全く不良だ。呉にいる友ともまともに付合いができない。故郷の叔父にも金も送れない。知らず知らずに日は流れ一年は過ぎもう五月だ。それなのに自分はどこも変ったことなく頭の開けない人間だ。

五月十四日　木曜

暖かい春の午後の休み時間だった。僕は私物箱にもたれ何気なく後ろを向いたら、其処《そこ》に立ってるのは誰であろうセーラー服も身に似合って美しくそして気立てのやさしい一人の女性。僕は黙ってしばらく訳が分からなかった。小学校時代の喧嘩友達でもあり又遊び友達であった○○○子だった。彼女も微笑してる。僕も嬉しかった。念願が叶ったのだ。よくも巡り合ったものだと小学校の思い出話を語ろうとした瞬間、目覚めた。夢か。今頃何処《いずこ》の地にいることだろう。

五月十五日　金曜

帰る三分前には職礼場は工員で一杯だ。やがて待ちかねていた扉が開いたと同時に吾先に帰ろうと先を争うその時、自分は一人で押されて或る人に突き当たった。その当たった野郎は工場でも乱暴者らしい。俺に凄い態度で文句言うてきた。「俺が押したのではない」と頑張っても下駄を抜いで殴ろうとしている。そこへ前田さんが来て止めたが自分は口惜《くや》しかった。自分だったら互いに皆で押し合っているからまあ仕様ないぐらいにするが、相手は言い返しても顔赤くして怒っていた。俺は人が良いのか正直なのか、しかし思えばあれくらいの気が無かったら駄目だと思った。俺はやっぱり男らしくないんだ。弱虫だ。

五月十七日　日曜

舎の大掃除のため昼勤は夜からになった。他の者達は十八日の晩から（大掃除）となり、朝出勤。果して昨日までは良い天気だったが今日になり又曇りだした。こんな風なことが幾度かあった。そして今日迄（舎の大掃除を）延期したのだ。どうやら雨降りらしい模様だ。こうなってくると活動（映画）でも見に行こうかなあと云う気も起ってくる。朝上がりの者達は将棋してわいわいやっている。眠るにも眠るにも眠られずうとうとしていると降ってきた。また中止か。馬鹿らしくなってくる。

五月十八日　月曜

鉄弥君、俺は子供の様に跳び上って喜んだよ。部屋の友達も「河村君、気は確かか」と言うて居《お》ったくらいだった。

しっかりと黒板を見た。河村の名前が書いてあるではないか。誰からの小包《こづつみ》だろうと不審に思い乍ら受け取りに行った。早速乍ら開いたが中には六個の缶詰が入っている。自分の目に留まったのは黒い缶切《かんきり》だった。思わず「鉄弥、ありがとう」と叫びたかった。缶詰を送っても切るものが無いだろうと心を尽してくれる君の心が馬鹿に嬉しかった。

【特記】　いつしか先刻の喜びも消えて昔懐かしい、二人で君の父さんを行商に送って行ったことなどに胸を打たれる。

五月十九日　火曜

小包より一日遅れて鉄弥から手紙が来た。その中には鉄弥も相変わらずで何よりだ。鉄弥は本当に性質の良い持主だ。家にいた頃、叔母さんが鉄弥を自慢しているのを聞いたことがある。それに競《くら》べて俺はなんだ慾ばりで、叔父の子供等に何一ツ買ってやれない。買えないより貧乏という体《てい》だろう。気ばかりはあれもこれもで送って子供達を喜ばしてやりたい。（国民学校）三、四年生だろうばかりに思っていたルイ子〔鉄弥の妹〕も、もはや五年生だとの事、驚いた。九三二《くみじ》〔鉄弥の弟〕、二年生。丸納《まるの》〔同、弟〕一年生。

五月二十日　水曜

【鉄弥君への返信（下書き）】

こちらこそ暫く御無沙汰して誠に申し訳ありません、だよ。去る十八日は又々珍しい物を送ってくれ、誰からだろうと思ったよ。気配って缶切まで添えて俺は泣く泣く君を拝みたかった。御手紙及び缶詰有難う。突然（だったの）で事務所で人間違っているだろうと思ったが本当に俺だったのでこの時の喜びというものは手紙では表せない。固く縛った紐を解く一苦労。早く解いてやろうと思えば益々解けない。汗が頬つたってくるのも構わず漸く開いた。その中で缶詰切のあったのには俺も心を打たれた。偉いと思った、同時に済まないと感じた。君が小包を送ってくれる度に俺が恥ずかしくなる思いだ。心ばかりはあれもこれもと君やルイ子、丸納、九三二達（に）送って喜ばしてやりたいと思っているが、今は何することも出来ない。年をとるばかり。後で大馬鹿者

六月六日　土曜

皆で定時で帰ったが自分だけは二時間残った。六時ともなれば冬と違って日光が入り出す。浜辺に出た。海も大分風がある。砂を飛ばして吹いて浜辺には誰もいない。船の下で漁師達が日に焼けた足を伸ばして網の修理している。自分も暫く小さい船の船尾に腰かけてはるか海の彼方を眺めた。限りない海の広さ、太平洋、水平線に煙一筋、ああ良い気持ちだ。こうして海を見ていると自由の天地に来た様だ。好きな唄を太平洋に向って大きな声を張り上げて唄った。浜辺に打ち寄せる波のために他に聞えな（い）。

六月七日　日曜

昨夜から降り出した雨は未《いま》だに遠慮なしに降り続ける。夜勤の交代で昼迄は仕事だった。雨の音が嫌に気になり心に念じて四方を眺めた。何事も無かった。四方山に囲まれた海のみだった。そんなのばかり毎日見ていると、まるで檻の中に入っている様で苦しく思った。

六月八日　月曜

ここに第六回目の奉載日を迎えた。たまたま飛行機の編隊が爆音高々と飛び去って行く。ズボンの下部が風に吹かれ靡《なび》いている。

六月九日　火曜

　せっかく楽しみにしていた賞与も自分達の手許には渡してくれなかった。全額貯金が庶務部より定められたこと発表した。この機会に衣服を買うと前から予算してるのに主任はあまりに若い工員に対して親切すぎるのだ。親切にも程度がある。余計なことするなと叫びたかった。今月の給料日は何の楽しみがあろう。不良になりつつある[19]のも無理ない。金が無ければ人の物を盗む、質《しち》にも行く若い者達の心を察してくれよ。

六月十日　水曜

　昨日、注射したせいか今日は朝から体が痛い。熱もある。いつもだったら人を追い越して歩く俺も今日は人よりだんだん遅れがちだった。体工合が悪い時程つらいものはない。工場に行っても治りそうもない。益々頭痛を感じる。お蔭で定時間で退廠、帰る。途中健康第一をシミジミ感じた。部屋に帰った頃はもう西の空は茜色、カラスも吾が家に急ぐ頃だった。ベランダに寄りそい

六月十一日　木曜

起床ラッパの鳴り響く頃は太陽も大分昇って今日は寝過ごしたのではないかと思う程だった。相変わらず寮長はガンガン叫んでいる。昼からだんだん曇ってきた。港も煙のためうすぼんやり（湾の）彼方此方《あちらこちら》に軍艦。初夏の潮風にへんぽんと翻《ひるがえ》って帝国海軍の強さを物語っている。目を転じれば今しがた横づけになっていた航空母艦が軍港を後に出航しようとしているではないか。何処に敵を求めて行くのやら、再び故郷に帰ることを誰一人として小兵《しょうへい》達は思ってないだろう。白い作業服着た兵達は処々《ところどころ》かたまっていた。この小兵達に別れの手を振ってやりたかった。これ〔航空母艦〕を見送る時深く深く胸に、無事に大船軍《だいせんぐん》を率いられんことを祈るのだった。

六月十二日　金曜

故郷に帰り小学校時代の友人達に何年振りかで逢って色々腹一杯御馳走になった夢見ていたが起床ラッパに打破られ、がっかりした。念願の雨は到頭降らなかった。今日降ったなら休日は晴天になるのだが、もう駄目だ。久しぶりの雨だもの、降ったら最後、曇天でむし暑い。一寸しても汗を流し俺はこの二、三日は毎日汗だくだく。

六月十三日　土曜

正午から降り出した雨は益々烈しくなって来た。四、五日雨天気続きで百姓達もこの雨をどんなに待っていたことだろう。百姓を思えば良い雨だ。又明日全休日を前にして雨に降られる。僕達にして見れば悪い雨だった。夕方頃には一寸小降りになり出した。舎には三通のハガキが俺（を）待っていた。一通は外出困難のため勝瀬君にエキストラになって出してもらったのだ。これはさほど楽しくもない。後の二通は勝《まさる》さん〔姉の夫〕からだった。便箋がないから二通に書いて寄越したのではないかと思われた。

六月十四日　日曜　雨

烈しい音を立てて降る雨に目が覚めた。寝苦しい一夜も明けた。今度から全休日起床は一時間遅く六時になった。寮の窓越しに見えてる電気時計は起床三十分前だった。彼方此方に入口の開閉の音がする。洗顔に行くのだろう。その後一時間三十分を過《よぎ》った後、この雨の中を呉に行く気になった。別にこんな雨降りでなくともいいが、行くと定めたらいやが上にも我慢が出来ない。俺の一ツの病気だ。数分間の後、車上の人となった。人はギッシリだった。

僕の前に三人の親子らしい者が乗っている。父と兄と弟らしい。父と兄は徴用されている弟に面会に来て帰るところと見受けられる。弟は色々父兄に自慢話している。又父兄達は弟にやっぱりつらいところもあるだろうなどと云うている。僕にとってはその親子達の様子は懐かしかった。何故ならばその三人は叔父と兄と僕、同じくらいの年輩だから。徴用出発の際、大阪に来たこと思い出したのだった。あの時は丁度《ちょうど》この人達の様だった。

六月十六日　火曜　晴

一寸すれば汗がまるで水でも頭からかけた様に流れ自分の体が憎くなった。これから益々暑くなってくるんだなあと思った。今日も今日とて夕方なのに工場に行く途中汗が背にも流れるのを感じる。手にタオルを持って拭き通しだ。夏は僕にとっては一番苦手だ。

今週一回目の夜業も明けた。朝の光が部屋一杯入っている。あまりの気持ち良さ、ベランダに腰を据え、生い繁った緑の木に包まれたお寺を眺める。写生に良い処だと思う。いつか背中が日光のため暑くなっていた。日記を書いていると、ふと目に留まった人差し指のいぼだった。気になるのでむしり取った。暫くしたら赤インクの様な血が流れ出した。

故郷に帰り、八太郎山《はったろうさん》に日が没する頃、鉄弥始め妹弟達皆で水を汲んだり板の間を拭いたりした。後《あと》皆で楽しい食事に向かう楽しい夢を見た。菓子。

六月十七日　水曜　曇り

一昨日雨が降ったのに又曇りはじめた。寮と寮との間の池に、雨が降ろうと降るまいと俺達は関係がないと云わんばかりに赤白の鯉が列をなして泳いでいる。全く羨ましい鯉の生活だ。昨夜は強烈な仕事だったので床に入り手紙書こうとペン執ったが、いつの間にやら眠っているではないか。今日は止さう。無理したら大変だ。毛布を頭からかぶったままにそのまま夢の国に入る。生れ変わって今度こそは優秀な河村正雄《かわむらまさお》になる。

【特記】　鏡を見る度自分の顔[20]の様な汚い者があるだろうかと思う。綺麗な顔になりたい。いろいろな薬品を使用するがもう手遅れだろう。

六月十八日　木曜　雨

夜明けから激しく降り出した。帰る頃になると定って意地悪く降ってくるのだった。吾れ乍ら舌打する。雨の音の恨《うら》めしさ。雨、雨、雨。

舎に帰って手紙を書こうと思えど、新聞見てる間に時間が無くなるのだった。俺はいつになったら手紙が書ける気になるだろう。すらすら書けるじゃなし、気ばかり出したい出したい（と）思う。家からも友達からも毎日恨まれている様だ。こんな凡暗頭《ぼんくらあたま》は早く消えた方がましだ。心残り

【特記】　昼頃まで小降りしていたのが又出かける頃になると降り始めた。呆れた雨だ。人を馬鹿にしている。御菓子の配給あれど[21]金はない。食うに食われぬ吾れのつらさよ。

【受信】 菓子配給あり

六月十九日　金曜　午後から雨が止んだ

自分は元来意地の悪い性質だ。工場に於て友達が一寸気に喰わなくなると一日その人を憎くなり一言も喋らない。従ってその友達にも俺の心が通じるのだろう。話そうともしないで黙々《もくもく》と仕事している。話を持ちかけてきても、冷淡に言うが同じ組で働いている山本さんという人は一番虫が好かない人だ。今迄はそうではなかった。仲良かった。この頃は話もしたくないくらいだ。相手の方から話し相手になってくることが多い。その度に自分は明朗の返事して迎えたことがないにもかかわらず、山本さんは俺には何んな言葉を言われても友達になってくれるのだった。自分乍ら感心している。昨夜は金が無かったら貸してやるぞなどと言うてくれた。山本さんと元の様に仲良く付き合える日を待ってる。

菓子配給あり。

六月二十日　土曜

三日続いて降った雨も何やら止んだが、まだはっきりしない天気だ。池の鯉達も今日は久しぶりで水面に出て一匹の蛙を取り合いしている。楽しい風景だ。僕達も久しぶりベランダに腰を下ろすことが出来た。雨上がりは何とも云えぬ良い気持ちだ。むし暑くて眠れない。目を覚ましたが時計がないので廊下迄出なければならなかった。まだ二時だ。四時間しか寝てない。時計のない不自由さを泣く泣く知る。何時か（分からない時）は尋ねること決心した。眠る気にならない目を無理矢理に閉じても外の雑音が耳に入るばかり。

先日叔母から送って来た菓子を始めて口に入れた時の美味しさが急に思い出された。また来ないかなあと思ってるが思うだけ馬鹿だ。

六月二十一日　日曜

今頃は八戸《はちのへ》（故郷の町）は毎朝霧のかかる時候だ。そしてその霧の中からしんみりとした郭公鳥《カッコウドリ》が町の静けさを破って聞える。海岸では刺網《さしあみ》(22)の漁船が彼方此方に横づけになり、網から町の乙女達が鰯《いわし》を抜いている有様が目の前に。鰯の焼く脂《あぶら》の香り思えば、舌づつみするその土地の者だけに懐かしい風景なのだ。「ああ誰か故郷を想はざる」(23)か……

今週の夜業も無事に過ぎた。全休日だが金が到頭欠乏した。一日部屋に縮《ちぢ》こまっている。

六月二十二日　月曜

涼しい夜の仕事も過ぎ今日から昼勤だった。昼勤の嫌なのは起床だ。喇叭の音に目が覚めるが、もう一寸一寸、十三分ぐらい過ぎてから床をはなれる。夜業はその点は百パーセントだ。久しぶりに同室の玉那覇君が此方番《こちらばん》になり、親しい友が出来た喜びに今朝は朗らかだった。服を作ろうと思えば、今月の給料日は馬鹿に長く思われる。給料日よ早く来い。夜の部屋、窓は全部開けベランダに腰掛けてはるか故郷の夕方を思い出す。

【特記】 菓子券購入

六月二十三日　火曜　雨

昨夜は窓ガラスを開けたままで寝込んで終《しま》った。誰か夜中に開けたのだろう。朝だ。この間思う存分に雨が降ったくせに又怪しい空模様だ。傘持って出ようとしたら友達が大丈夫だよと言うたので傘を置いて出た。ところが十時頃から大粒の雨が降り出してきた。傘を持って来ればよかったと思ったが遅い。後の後悔は役に立たずだった。雨は本式になってくる。不都合極まる雨だ。そして見る雨は益々降るばかり。傘を貸してくれる友もなく又借りられる様な友もない。泣く泣く人の良い友を作るべきことを感じた。自分はあまり話をする方ではないので同じ組でも、碌々《ろくろく》話したことがない。

六月二十四日　水曜　晴

仕事に夢中になってる中にいつしか頬に伝って流れ出る汗を知る。拭いても拭いても流れ出るのだった。三日続きの雨もからりと止み、雨を降らした形跡のない晴天だ。今日は特別暑さを感じた。元来一寸体を動かすと汗がだくだくと出る性分だ。夏は苦しい。
汗のために色々恥をかくこともあるだろう。又、気まりの悪くなる時もある。その一例、二時間での帰り夕方町の散髪に入った。その時はまだ何ともなかったが、いざ頭髪《かみのけ》を刈る時しかも相手は女の人だ。頬伝って流れ出し、前に白い布を掛けてあるため拭くにも拭かれず汗は遠慮なしに出、まるで水でも掛けた様に流れ出る。散髪屋さんも刈りにくいと思ってるだろうか又、汚ない人だと思っているだろうかと思うと余計に出るのだった。この時の気の悪さ。途中で帰ろうかと思った。良い工合《ぐあい》に女の散髪屋さんが気を利かしてくれて「暑いです？」言うて、冷い水で顔を拭いてくれたお蔭で知らぬ間に汗は止っていた。

六月二十五日　木曜　曇り
早く人のあまり通らないうちに工場に行きたいので警務がまだ門に来ない中に飛び出した。狭い道路は広く、のびのびと工場に行かれた。毎日毎日人より早くのびのびと歩きたい。(木村)
鉛工所に入所した当時から兄弟の如く寝食を共にし、あの小さい寄宿舎で徴用される迄楽しい生活していたが、昨年四月名誉ある徴用を受け、この兄弟分達と別れるに至ったのだ。あれから一年二か月あまりの中に親友達も兵隊に行き又退社して、今では小林君だけ生き残っているとのこと。その小林君も徴兵検査で郷里広島に帰り途中、三日全休日頃に訪れるとのこと。今朝勝瀬君に聞いてびっくりした。懐かしい友が来ると思えば寝ても立ってもいられないくらい喜んだ。それと同時に心配が出て来た。それは今迄服を買うと思っていたが来月こそと決心して作ろうとしているのだ。服屋にも金が要る。又仕合せにも要る。

六月二十六日　金曜

二時間で帰る。初夏の太陽も山の向うにかたむく頃、狭い道を工廠帰りの工員達が足どり早く夕食が待つ楽しい我が家にと急いでいる。自分（は）多数の人を追い越して舎に急ぐ一人だった。路地を通る度に魚の焼く匂いが空腹によく沁みる。匂いの覚えがある。はるか故郷の思いは台所に。

六月二十七日　土曜

自分、帽子もかぶらず菜っ葉服[24]を着て通勤する。又煙草を吸わないので組の友達が俺をケチンボとか煙草ぐらいは吸えと勧める。自分も成程そう言えばあまり大人し過ぎると思うが今俺は誘惑されつつあるのだと思えば悪心に鞭《むち》打って良心に助けを求めるのだった。年が若いので日給を一番もらってる俺が毎月二十円ずつ貯金してる。小遣いも満足ではない。それを見て貯めるばかりは能ではないと悪口言うのだ。自分の不孝を知らない。兵隊に行く時、誰が金を出して世話を焼いてくれるのか。何と言われても構わない。働いて働いて金を貯え様《よう》。

六月二十八日　日曜

暑くなるにつれて朝の起床は俺が一番だ。今朝も亦早く目が覚めた。窓閉め切った朝の部屋は嫌な臭気がするので窓を開けた。一晩中人間様の血液を吸った蚊は吾先にと異様な音を残して飛び去った。

六月三十日　火曜

先月も先々月も雨の降る日の給料日だった。亦も夜の十二時頃から降り出した雨は小雨だが長期戦で降っている。給料もらう頃は道路端も水溜りになっていて、俺の外出する日は定《きま》って雨降りだ。わずかの金をもらい、ショボショボ降る中を街に出る。目的は服を新調するためだった。幾月も幾月も前から服を買うことを決心していたが、いろいろな都合で物足りなく日を今日迄過ごしたのだ。

初めて服屋に入る俺には一度で思い切って入れなかった。雨降る中を親切に同じ服屋の前を何度通ったことだろう。吾れ乍らこの心臓の弱さ、否、この意気地無しさに呆れた。九時頃街に行って、これという服屋に入ったのは十一時だった。中通り九丁目マルシン洋服屋と云う店だ。

七月一日　水曜

今日から一週間全国安全週間だ。工場にも厰長の訓話があり、安全について明細に話した。朝礼も済んでいざ帰ろうという頃に例の意地悪い雨がポツンポツンと水溜りに波紋を残している。又かとつぶやく。運の悪いことには途中下駄の緒が切れた。雨は降る。早く舎に帰りたい。泥水無茶苦茶《むちゃくちゃ》に歩いた。到頭下駄もなくなった。明日から何しようかと、もしも雨が降らなかったら良いが。雨よ心あらば下駄のないこの河村に同情して青い空を、又乾いた道を歩かしてくれ。

【特記】　工厰の今月の実行　規律厳守

七月二日　木曜

自分の貯金を下ろしたくないので工場の貯金を下ろそうと思えば理由が必要だ。その理由を考えるのに頭をひねった。漸くこれならと言うのが思いついた。こんな大嘘を書いて申し訳ないと良心が咎《とが》めるのだった。一度お願いして「よし」と返事するのだった。こんな真似やらなくても済むが、皆工場が真人間者でも悪い心になり犯罪をするのは当然だと思う。

今月の実行目標は規律厳守なので中々うるさい。時間ギリギリ一杯仕事。昨日は髙橋君から小包が来て、持つべきは良き友達だと思った。早速返事を書くがいつもなら一日で書けない手紙も次から次からと文句が出て来て吾乍ら不思議だ。十一時頃書き終る。空模様に又異変が起ってきた。午後からもの凄く降り出して下駄買う金は無い。

七月三日　金曜

定時で帰る日は定時で帰って体を休めた方が良い。二年で帰られるのだったら一寸の無理も押し切るが二年で解除になるか分からない噂だ。健康第一だ。珍しく今朝は濃い霧がかかっている。一寸先も見えないくらいだ。霧の中を一人靴の音をコツコツとあたりに響かせ乍ら軽々足を運んでいる河村だった。旱天《かんてん》日も曇ったり降ったりした。天候が今日は漸う好天気を取り戻した。久しぶりに朝月が霧のためボンヤリ見えている。夕方から又降り出した。

七月五日　日曜

待ちに待った今日は仮縫いだ。夜勤上がりでもあるし絶好のチャンスだ。舎にもどらず中央門から街へ出る。服屋に着いた頃体中汗ビッショリ流れてシャツも肌に気持ち悪く引っ付いている。こんなに汗が出たらきまりが悪くて話も出来ぬ。一寸の間涼しい日蔭で汗の止まるのを待つ。気持ちの良い涼しい風が時々吹いてくる。角《かど》のレコード屋から三根耕一《みねこういち》（歌手ディック・ミネ）か、甘い声が涼風にのって流れてくる。用事を済ませて早く帰る予定が過ぎた。汗が人より倍の出る自分は損だった。八時頃に行って思い切って入ったらば（仮縫い終了して服屋を出たのは）四時頃だ。

七月六日　月曜

雨上がり

雨上がり――
さはやかな緑の風の中に
稲の花の香りの柔らかさ！
小川を溢れ出た清冽な水
蛙道に青い草を踏み
素足でゆく快さよ――……
小倉《こくら》(25)のズボンを捲《まく》りあげて

雑魚をすくふた　遠い思ひ出の故郷
生気にみなぎり青い稲田に
薄黄色い
稲の花の香りのやわらかさよ
雨上がり
雨上がり

七月十三日　月曜

体中に汗を流して真昼に仕事をするのと夜業をくらべると、少々眠いが夜業の方が涼しくて仕事し易《やす》い。滝の様な汗を流さなくとも良い。

七月十四日　火曜

今日から二時間残業でいつもより三十分早く帰れる。太陽もまだ照りつかない涼しい海岸に群《むれ》をなして、小魚共が時々銀色の腹を光らせ乍ら手で掴みたい程いる。夏の太陽は海面深く光線射している。

同室の友が休暇で大阪に帰った。今頃は家に着いて自慢話している事だろうに。僕も帰る時が来る。兄、応召だ。一年も無断で休暇をしてない。もしも兄さんに赤襷《あかだすき》[26]が来たらと、その時は否でも応でも帰るのだ。

【特記】 姉さんにも手紙を書いたし、もう安心だ。

七月十五日　水曜

あまり付合いしない友に一円五十銭也を貸しているが忘れていない様な、いる様な。一向に人から借りたもの返すと言う気がない。返す返すと何度言うたのだろうか。今だに返却しない。人から物借用して借用した人に済まないと云う心もない。ノメノメ[27]と話かけてくるのには一寸呆れる俺だった。そんな真似は絶対に出来ない。本人の顔を見るのも済まないと言う気で近寄れない。これは自分の意志が弱いせいかもしれない。人間だったらもう一寸礼儀がありそうだ。

【特記】 一人ぽっちで部屋は広い。何故俺はこんな誰も居らない処を好きなのだろう。不思議の一ツ。今日は東風で良い風が吹きつけてくる。お蔭で汗も流さずスヤスヤ寝られる。

七月十七日　金曜

高橋君にもらった煎餅、小林君が呉に来ると云うので久しぶりで喰わせてやろうと残しておいたが、その甲斐なかった。青森県の俺達がバラバラになり煎餅さえ口にすること出来ないだろう。今日は到頭処分した。

七月十八日　土曜

二時間残業して帰る途中、あまり腹が空《す》いたので食堂で代用食喰べて帰寮した。寮の夕食も済ませ寝ることにした。その頃寮で何のためか腹痛患者が続々各寮から出ていた。又拡声器で腹痛の者は娯楽室に来るべしと盛んに放送している。寮長も廊下を叫んで歩いてる。さては何かの食あたりだ。事を予感した。

吾が二寮でも患者が出、ふとんを持って娯楽室に行く者（が）出て来た。先刻迄便所に行っていた同室の者が顔が青ざめヨロヨロになって帰って来た。やっぱり腹痛するとの事。完全に食中毒だ。数分後には部屋中を横腹を押えてころがっている。いろいろと庇《かば》ってやった。娯楽室に連れて行った。娯楽室は患者で一杯だ。やれやれと安心して床に入った。

自分も一時間ばかり寝たと思われた。腹具合が変になり便所に行きたい様な気がしてきた。自分もなるのではないかと不安になった。口から吐き出す（嘔吐）と下痢と両方だった。隣の便所にいる者もそれらしかった音がする。歩く元気もなく涼しい所が好きだったので重い足で外に出た。吐き出した。汚いなどとは思わなかった。只々横になりたかった。土の上に横になった。下痢は益々激しくなってきた。いつ迄寝ていても切りがないので漸う部屋に辿り着いた。腹痛がおびただしく降ってきた。自分ももがいて部屋をころがっていた。まるで腸の中に棒を突っ込まれて断ち切れる痛さだ。頭は痛いし今日帰寮の途中代用食が悪かったか寮の飯が悪かったか、又工廠の昼飯が悪かったか。何《いず》れかのご飯のおかずに相違いない。良く考えてみると今朝工場行く途中、担架に担がれて或る人の肩につかまって行く者四、五人見た。あれらも腹痛だったら工廠の飯だ。

苦しさは益々遠慮なく強くなってくる。生れて始めての中毒、又苦しみ、助けてくれと叫びたいくらいだ。蝦《えび》の様になって何うする事も出来ない。部屋の者に迷惑する。痛さを堪《こら》えて娯楽室に歩み運ぶ。軍医殿は中々多くの患者のため看護婦と走り廻ってる。大きな娯楽室も寝る場所がない程患者で一杯だ。寝ている者、泣く者、ころがってる者、泣き叫ぶ者、無惨な有り様だ。自分もその人達の一人だ。看護婦さんは割り込ませて寝る処をくれた。

廊下の窓際には半身を外にのり出して盛んに吐き出している者多かった。寝ている枕辺には洗面器、バケツ等が置いてある。下痢、嘔吐が激しい中毒だ。腹をもんでくれる友には頭が下がるのだ。患者は次々と出て俺達もふとんをもう一寸々々と寄せるのだった。注射液が足らないで俺の処で中止になった。後で苦い薬を一合くらいずつ飲まされた。それから何時間か経ったが娯楽室の電気時計は一時だ。夜は次第にこの苦しさの中に更《ふ》けて行く。注射或いは薬が効いたのか以前よりは大分体が楽になって（きたのは）俺ばかりでない。だが中には多少もがいている（人達がいる）。六時間と云うあいだは只々苦しみ泣き叫んでいた。

いつかウトウトと眠気がしてきた。良い者はすぐ出勤を許されて出て行く。腹痛は治ったが、頭が割れる程痛む。歩く気力も無い。舎母さん達は何十人かの患者いちいち廻って歩き頭を冷やしてくれた。又舎監の看護等涙あふるるばかり、夕方迄には大分治って部屋に帰る。有難い。残るは十人ぐらい。自分は少しぐらい我慢して部屋に帰った。病気の顔は生血でも吸われた様に一晩の中《うち》にげっそり目がくぼんでいる。

七月二十六日　日曜

日記は何しても速読（するよう）に書けない。（日記を書かないと）仕事していても物足りなく気懸り。一週間も休んだ。友達が日記を書いているのを見せつけられると糞、負けてたまるかと羨ましくもなってペンを働かせ。

服を注文してから何日になるだろう。今日こそ出来るだろうと行って見れば若いと思って馬鹿にしてるのか八日くらいだと云う。今日も亦失敗に終わった。もう雨が降ってもよさそうだが中々降りそうもない。益々天気になる。街の並木にも時々涼風が吹く。

【特記】久しぶりに兄から音信が来ていた。その中に左の様な教訓が。
前の偽りが成功すればもう一度やりたくなる。くり返して言うが嘘は信用の妨げになる。

七月二十七日　月曜

夜業者の点呼も済んで一時だ。向かい部屋から波止場気質《かたぎ》の名調子が聞えてくる。耳を傾け気持ち良い伴奏に胸打たれる。今から五年前、俺達より後に（木村）鉛工所に入った北海道から来た友達にこの唄を無理に教えてもらった、あの当時の懐かしい場面が思い出される。

七月二十八日　火曜

給料日なので早い者は四時頃帰ってくる。暑くて眠ることさえ出来ないでいる俺達は、早く帰ってくる者の騒々しい音に起きられずにいられるか。早く工場に行って海岸に出て夕暮の山を海面に映る夕日を見るのが、遠くの故郷の一時《いっとき》を思い出して懐かしいと云うのか、それとも恋しいと云うのか何とも言えない気持ちがするのだ。それが一番の楽しみだ。

七月二十九日　水曜

新聞を見る度に大阪で開催している敵国戦利品の展覧会を羨ましく思うのだ。徴用にならなかったら全休日には校長始め皆で見学でも出来ただろう。口やかましい校長。勝手な行動をとらせないようにと無理に連れて行くだろう。新聞を見る度に早く第二の故郷たる大阪に戻りたい。

【特記】　玉那覇君に借用金二十円也を返却

七月三十日　木曜

昼暑いため、短時間しか安眠出来ない。そのため今週の夜業は中々眠い。この調子だと余程《よほど》緊張して仕事せぬと怪我するか誤作だ。緊張だ。汚れた仕事着を毎日毎日洗濯することなく着用するので体が気持ち悪い。汗が出ると袖で拭《ぬぐ》い最後には汗のため汚れる。石鹸がありさえすれば気持ち良い仕事が出来るのに残念だ。

七月三十一日　金曜

最早《もはや》七月も今日限りに迫った。この月は工場でも中々厳しかったため、色々つらい事もあった。随分文句も言うた。金にも困ったが頑張り通した。久しぶりの定時間だ。残月もまだ雲間に、東の空が白むにしたがって。

第四章　八月の雪空　１９４２（昭和17年）呉海軍工廠時代Ⅲ

八月二日　日曜

久しぶりに病気している勝瀬君を訪問した。病名は肺炎とも疑われる気管支の病気だと云う。下宿屋のおばさんも病名を嫌い、出てくれと言うたと云う。そんなに人に嫌がられる恐怖、病気かと泣く泣く思った。

八月三日　月曜

冷々《れいれい》しい清い水をバケツで汲んで家に行くのを毎日見せつけられるのだった。喉の渇《かわ》いた時などは今あの水を飲ませると言うたなら、バケツ一杯飲んでやるがと馬鹿な事を考えて後ろを振り返って見送った。だが今日は神様のめぐり合せだろう。部屋に戻ったらベランダに瀬戸の茶。

八月四日　火曜

夕食の時だった。俺の前に坐った一人の舎生がおかずに好き嫌いがあるらしく、魚フライを食器から放り出している。それを見て、こんな美味《うま》いのでも嫌いな者がいるのかと驚いた。思い起こせば祖母も健在で自分も家にいる時、祖母の作るおかずなどに毎日と云うくらい不平を言うて喰べたが、今考えると学校から帰って何か買って食いたいから金くれと云うと、口癖の、「腹が減ったら味噌でも梅干しでも糅《か》でて飯《まま》食べろ」と言われたもんだ。

八月五日　水曜

昨日は体力検査で正午から検査場に行ったため、仕事あまり出来なかった。でも夜業者が一個仕上る様にして置いたのに、朝行ったら五時間ぐらい仕事しているだけだった。腹が煮えくるようだった。俺をバカにしている。何時《いつ》だったか夜業の時、材料の申し送りに昼は暑くて思う様に仕事できぬからしっかり頑張ってくれと書いていた。俺はその時そうだろうなあーと、日中働く暑さを察してやった。そして仕事も頑張った。それなにこの仕事の情け無さ。自分の馬鹿。真に（受けた自分）。

八月六日　木曜

部屋の机に凭《もた》れて日記の一頁を繰っていると何処の部屋からか退屈まぎれに吹く我流のハーモニカまでが雨降りの淋しさをそそり、いやに夏らしい感傷を覚える。こんな時自分の眼はまたしても日記の上をはなれてぼんやり追憶の夢を追うのだった。八太郎山の夕暮、漁船［イカ釣り船］を迎えに出るあの賑やかな浜辺の朝、すべては住み馴れた故郷の思い出、楽しい夢幻の国だった。

八月七日　金曜

四週間ぶりで待ちに待った雨が降り出した。昨夜木曜頃から降り出した雨が屋根に穴を開けんばかり。工場に行っても雨の音が心地よく、疲れ果てた体に居眠りを誘うが如く聞えてくる。汗臭いシャツ、汗で湿っていて、気持ちが悪い。洗濯石鹸さえあれば。夕方にはしっかり止んだ。久しぶりにボチボチと友達と帰った。途中、今迄入った事なかった飲食店に入り、麺。

八月八日　土曜

学校を出て都会に憧れ、青森駅をはなれる純情なる七少年(1)は母校の校長に見送られ固い握手を。涙を飲んで別れる一場面。列車は次第に速度を出して汽車の窓に掴まった先生もだんだん離れ、先生後にして

八月九日　日曜

俺は何《な》して金を落しただろうか。今日も昼から呉に行こうと思って渡船場に行ったが船が岸を離れた後だったので、ついでだし理髪して行こうと（床屋に入り）散髪して金を払おうとポケットに手を入れたが肝心の財布が無い。あのカンカンに日が照りつく中を探せども探せども見当の由《よし》もなかった。到頭《とうとう》現金七円五十銭を心惜しくも落した。何たるぼんやりな大馬鹿野郎だろ

う。呉に来てこれで三回目だった。合計三十七円三十銭也を落した。

八月十一日　火曜

石鹼なく作業服を洗うことも出来ない。顔も洗うことが出来ない。成る可《べ》く手足に油をつけぬ様、働くと思えば仕事にならない。毎日人に石鹼を借りるもそう平気で出来るものではない。人一倍汗の出る僕は一寸洗っても沢山洗面器に垢が浮くのを見ると洗わずにはいられない。石鹼（なし）で何日過《よぎ》っただろう。もう一週間にもなる。

八月十五日　土曜

夜業で疲れた体で最初の水浴びしてみた。水に潜っても故郷にいた時よりも長く出来ない。成長すれば成長する程体が弱くなっている。吾乍《なが》ら驚いた。水浴びを止めて部屋に戻ったら体中にひどく疲労を覚えた。そのままぐったり横になり、知らず知らずに眠くなり夕方迄寝たが咽喉《のど》痛く体も前よりも熱が出て。

八月十六日　日曜

この間、兄に御願いした返事が今日届いていた。まぎれなく速達だった。中に何《ど》んな文が書いてあるかと封を切るのが怖ろしかった。誰もいない処で封を切ることにした。十円が一枚入っていた。別に喜ぶ程ではなかった。かえって済まないと思った。いつかの手紙にお互いに何《ど》んな苦しさにも堪《た》えて行こうと書いてあるのを思い出した。

八月二十日　木曜

いつの間にやら八月も半ば過ぎ、涼しくなってきた。夜明けの寒さから起きてふとんを引きずり出してきたが、それでも寒さを感じた。その時はすでに体が冷たい。風邪を引いていたのだ。季候の変り目は中々怖ろしい。体に充分気をつけよ。長い間同室にいた河嶋君も入院のため今日郷里に帰った。二寮の河嶋と言えば知らない者は無かった程豪傑だった。これで総員八名は七名になる訳だ。

八月二十五日　火曜

十一時から腹が痛くなり胸が苦しくなり体を動かすことが出来なくなった。今日はあまり食べ過ぎた程もないのに腹の物を全部吐き出した。その後腹がゴーゴーと鳴り出し気分が悪いので仕事も手につかず椅子に腰を下ろしていつの間《ま》にやら眠っていたのを守衛に発見されてしまった。一瞬の出来事だ。いくら訳を言うても返事さえしてくれない。仕事を怠けて居眠りするのだったら兎《と》も角《かく》、腹具合が悪く気分が悪くているのに、眠れる筈がないじゃないかと叱咤《しった》した。何と分からない守衛だろうと後姿を見送った。工廠に入ってこれが最初の事故だった。未《いま》だに腹具合が悪い。

八月二十六日　水曜

昨日工場に出勤する前に医務室に腹具合の由を告げたら腹をあちこち押して見ていたが、盲腸の疑いがあるから今晩工場を休んでいつ何んな事があるかも解らないからここで寝ろと言うていたが、それを押し切って工場に出た。簡単に腹を診《み》て何が解る。その夜はあの一言で気のせいか痛い様にも思うのだが無事に一夜を明かした。

八月二十七日　木曜

昨日工場で意外な珍しい物を何年ぶりかで口にした。この間から夜は飯を喰わない事にしたが、隣の友達が弁当のおかずに（出したのは）、時々思い出しては喰《た》べたいと思い続けていた故郷で云う塩引《しおびき》（鮭）だった。思わず美味そうなサケだなあと言うたら親切に、喰べて見ないかと飯も半分くれた。白いご飯に赤いサケだ。久しぶりに味わって故郷で働いている友達が羨ましくなった。幾度か頭を下げた。今も味は忘れない。

久しぶりで口にする塩サケの嬉しさ。

八月二十九日　土曜

日向ぼっこしていたのに明くる日雪空に変り冴えかえる

八月三十一日　月曜

もくもくと群《むら》がる黒い雲。裏山の麓《ふもと》迄かかっている。何となく雨の降りそうな天候。あたりの空気も静かだ。昨日さんざん遊び疲れた友達は起床ラッパ後もふとんの上に坐って眠ってる。

この世に縁故者の一人も無い天涯孤独と雖《いえど》も、その生れ故郷に格別の愛着を感ずる。

九月一日　火曜

今の自分と十六、七才の時の楽しさ、全然違う。あの頃は一番生涯にとって楽しい頃だった。いつか東京の兄の所に遊びに寄った時、二人で新橋駅の賑やかな夜の街を歩き乍ら兄は俺も若い時は唄が好きで歌を大きな声で唄ったが今じゃ歌どころか若い時の楽しい気持ちも何処へやら毎日悩むことばかりだと言うていたが、兄のあの時の気持ちと今の俺の気持ち同じだったろ

う。全くあの頃は夢の様だ。何一ツこれが他国に行って頭に残るだろうとは思わず皆

九月二日　水曜

毎日他国の空で
はるか故郷の友を（思い）浮べては
あの頃が羨ましく

時勢も移り変り昔の夢の時代は去って今や享楽にふける時ではない筈だ

九月四日　金曜

今日も亦無駄遣いして後で悔やんだ。こんな事を知り乍らあれこれと買う、後に残るのは何一ツない。皆腹だ。自分を情け無く思う。若い者で一番日給の多い俺が何故こんなに金遣いするのだろう。

九月十日　木曜

あまりに見たい映画（『母の地図』(2)）が街に来ている。日頃大なる期待をかけていたので是が非

でもこれだけはと思い、寮長に嘘を言って出かけた。俺は一ツの罪を犯したのだ。思えば申し訳なく心に詫びた。そうたやすく心は許してくれるものではない。何迄《いつまで》も何迄も胸の中にこびりついて忘れる事が出来ないだろう。一睡もせず、組合の人にこの頃君は痩せたねと意外な事を言われた。あまり無理したら駄目だよ、病気になっても誰も面倒見てくれないし医務者もいい加減だと、或る人の見惨めな死に方を聞かせた。吾乍ら、責任のない事を憤慨《ふんがい》に思う。そう云えば体重三キロ減っている。弱るのも無理がない。

九月十一日　金曜

又日記を長い間（原文ママ）書かなかった。書こうと思いつつふとん（の）前に置くが、いつの間にか夜業の疲れが出て知らずの中に日記も忘れ疲れが出るままに過去の楽しかったありし日の青春時代が二重にも三重にも頭に浮び、吾を忘れ日記を書くのさえ嫌になる。だが今日は書く気になった。鉄弥から便りがあったからだ。綿の様に疲れ果てた体も忘れ読んでる中に鉄弥も大分大人気《おとなげ》になった様だ。自分よりは確かに利口だ。懐かしい手紙がこんなに人に楽しさを与えるものだろうか。

九月十二日　土曜

医務部に行って盲腸の疑いがあると言われてから三週間になる。その間一寸痛さを感じれば今こそは床に伏してしまうだろうと覚悟をしながらやり通したが別に大した事もない。只心配なのは便の通じない事。食ばかりで出ない。二回も浣腸したが一寸だけで終りだ。医者に行くのも、もし大きな病気だと言われたらそれこそ益々心配して気持ちから悪くなる。それよりも自分で注意して治そう。吾も到頭病弱になりしか、儚《はかな》い一生を終ろうとするのではないだろうか。

死《病気する》ぬなら生れ故郷で

九月十三日　日曜

今日の全休日こそは何処へも行く当てもないし、充分睡眠を取る絶好のチャンスだ。友人達は一人出二人出て眠気のする頃は俺一人となっていた。睡眠を取ると云うたところで暑いので深く眠れない。眠れぬままに三、四時間が過ぎた。夕方頃からあっちこっちの部屋で腹痛《はらいた》する者が三、四人出て来た。もがく者さえある。配給のビスケットが原因でないかと言われる。八時頃病人は娯楽室に集合との放送があり、行って見たところ驚くなかれ四十人くらい。中には腹に手を当ててころがっている者もある。

九月十四日　月曜

夕方から非常に空模様が怪しくなって来、いつもなら赤い夕日は海面に映り戦艦等が逆光線で黒紙で切り抜いたかの様に夕暮の景色を見せるが、今日は山の彼方から無気味な黒雲が海面も鉛色に見えるくらい、今にでも天地が割れんばかりに雨が降り出す様だ。帰る頃は稲光が光り出した。サワーと真昼の様になっては又闇になる。そのくせ星が雲間から覗いてる。

【特記】　懐かしい四郎から便りが来ている。相変らず文は中々上手い。今年は豊年だとの事。喜びの声を上げてる。

九月十五日　火曜

夜明けの涼しさは、もうしっかり秋の冷たさだ。暑い暑いと言うてる間に、もうしっかり初秋になった。チロチロと鳴く虫共の声、又この声に負けまいと鳴く蛙《かえる》。賑やかな秋の夜の一時《ひととき》。

九月十六日　水曜

もう今朝は身振《みぶる》いする程涼しい。

九月十八日　金曜

今日は久しぶりに御菓子の配給だ。御菓子だ。

九月十九日　土曜

未だに何の返事も無い。手紙が手許に届かないのか。待てども待てども来る様子（無い）。

九月二十日　日曜

雨降りの眠りの中に思わず叔母さんの夢を見て、ああやさしい人だと恋しくなった。早速手紙を書こうと思い気ばかり焦《あせ》るが文句が出てこない。何と云う馬鹿な正雄《まさお》だろう。書きたくても文を知らない。情け無い。やさしい文句知らない。

噫《ああ》無情野郎だ、戯《たわ》けメ。

九月二十一日　月曜

来る日も来る日も毎日兵役(3)の通知を待っているが未だに何の達しも無い。工場の友も舎の友も皆兵科(4)が分かって入営御召《おめし》を楽しみにしている様だ。一番先に検査を受けたのに何故来ないか。何《ど》うする心算だろう。ああ待ち遠しい。

九月二十二日　火曜

浜崎君は国家の干城《かんじょう》〔国家を守る武人〕として九月四日横須賀に入団した。先生からの便りによれば同級生は皆南支〔中国南部方面〕に中支〔中国中部方面〕に北支〔中国北部方面〕、北満〔中国東北地方の北部方面〕に或いは南方〔マリアナ諸島、ソロモン諸島、ニューギニアを含む、オーストラリア北岸に及ぶ広域の南太平洋方面〕に活躍中だとの事。羨ましい。次から次へと征途《せいと》〔出征の途〕につく友、俺が故郷に帰る時は誰一人として知人がいない。軍人になれない者は人間の滓《かす》だ。

九月二十三日　水曜

浜崎君が故郷を発つ時、入団真影写真を撮って或る処女《むすめ》に送る事を俺に依頼したとこの間〔写真を〕送って来たが、「必勝《ひっしょう》」と書いた鉢巻に尽忠報国《じんちゅうほうこく》の襷《たすき》、一文字《いちもんじ》にキリッと結んだ口、何となく逞《たく》ましい。彼の武運を心から祈り手紙を出したいが住所がわからず何《なに》する事も出来ない。

九月二十四日　木曜

俺の写真を送ってやったら早速〔津村〕孝一《こういち》〔故郷の従兄弟〕さんから返事が届いた。その手紙の面白い事。田舎弁で書いていたので中々面白かった。はるか故郷を離れている友に自分の田舎弁で書いたら誰も故郷の我が家を懐かしく思うだろう。手紙とはあの様に書くべきだと思った。何回読んでも面白い。

九月三十日　水曜

今日から愈々《いよいよ》防空訓練だ。僕達も防毒面等を用意して実戦の気持ちでやっていたが、遂に訓練空襲警報が発され、自分達も機械を止めて配置に就《つ》いた。しばらく沈黙が続いた。隣にいた年を取った親父が、こんな阿呆な真似をしてとブツブツ文句を云うているではないか。それを聞いて、何を言ってあんでい、クソ親父。敵は刻一刻と吾が本土に迫りつつある今日、阿呆らしいとは何だ。国賊奴《め》と怒鳴ってやりたかった。今時こんな人が一人でもあってはならない。余計な事だが今日は癪《しゃく》に障《さわ》って仕様がなかった。

十一月三日　明治節(5)

今日は友達と宮島で過ごすつもりだったが約束時間を破り、幾等待っても来そうにないので勝瀬くんと二人で先に汽車に乗り広島迄行ったが、時間が遅いので広島で遊んで帰ろうと宮島行きを変更する事にした。広島に始めて来た。そう大した良い街でも無いが、中国一の都市だけにどことなく賑やかさを表している。

毎日毎日便りを今日か明日かと目を皿の様にして郵便受けを見るが、一向に来る様子も無い。

又今日もかと、がっかりする。たまに来たと思って良く見れば新聞代の請求だ。まるで小馬鹿にしている様に思われる。手もつけないでその儘《まま》放って置く。気が紛れると取りに行く有様《ありさま》だ。便りのない程淋しく思う事はない。皆に続々と便りが来る時、自分一人に来ない時の気持ち、前線の兵隊の気持ちが良く分かる。

十一月十四日　日曜　晴

毎年一回行われる我が寄宿舎の厳島《いつくしま》神社(6)参拝。僕等にとっては一ツの楽しみとも云えよう。十一月の中旬と云えばもう肌寒い。音戸《おんど》と警固屋《けごや》の巡航船を貸し切って日輪丸《にちりんまる》は舎の前に横づけされた。国民服(7)或いは作業服に脚絆《きゃはん》を巻いた舎生達は片手に弁当を持って乗り込んだ。太陽はだんだん薄い雲間から顔をのぞき出した。出発時間予定より五十分遅れ、八時二十分船は堤防を離れた。鮨詰《すしづ》めに沢山入っている人。これが万一沈没したら何うだろうかと思ったりもした。船は甲板の面道《めんどう》(8)に幕を張っているので当の景色も見えない中で坐っている者達は雑談しているが、甲板や中に入る事の出来ない者は朝の海風が何処からともなく入ってくるので物も云いたくない。皆寒そうな顔している。俺もその中の一人だ。何十分走ったのだろうか。お待ちかねの太陽は片方の甲板に差し込んで来た。何奴《どいつ》も此奴《こいつ》もこの太陽を待っていたらしく片方の甲板に寄り始めた。船は片寄った。中に船は転覆するぞと怒鳴《どな》る者もいる。日向《ひなた》は良いが船は片寄るし、一人二人と仕方ない顔してその場を退《の》く者もいる。船の向きが変る度に今迄右に日が照っていたりが左に照ったりして中々面白い。

軍港区域も過ぎ去って幕を取って良いと、舎監より許可の命《めい》があった。幕を取ったが太陽が当たっていても汐風が時々吹きまくって来る。見渡す限り島と海ばかりだ。処々《ところどころ》草木が枯れて茶色や緑色している島も見える。寒さも忘れ絵の様な景色に見とれ、数時間を過した。船はだんだん厳島に接近している。

暫《しば》くすると付添いの勤務員が「皆、注目！」と叫んだ。一同視線を勤務員の方へ集中させた。何事かと次の言葉を楽しみに待った。「只今よりミカンと飴を配給す。価《ねだん》はミカン三個で十五銭、飴玉一袋二十五銭、配給の要領は各自が持っている乗車券と引替えに渡す。舎は帰寮してから受取る。各寮分隊長は混雑するから十人ずつ集《あつま》って取りに来い。終り。」と云うて甲板に出て行った。一同先刻の沈黙を破って嬉しさに騒ぎ出した。分隊長は菓子を取りに行く。一寸の間だったが菓子の来るのが長い様な気がした。大きな風呂敷に持って来た。皆貰《もら》って恵比須顔。食う事ときたら現金なもの、早速パクついた。飴をしゃぶり島を眺めるのも悪くない。一度喰べ始めたらもう止められない。厳島に着いてから喰べ様とポケットに入れたが一ツもう一ツという中《うち》に残り少なくなってきた。

飴玉を食い尽くした頃に厳島に着いた。丁度十一時だ。桟橋には神鹿《かのしし》が遊びたわむれている。

居並ぶ旅館左に目を転《てん》じれば目も覚める様な洋装の美人四、五人がシャナリシャナリと歩いている。女ときたら（舎生達は）目が早い。手を振って弥次《やじ》を飛ばしている。向うの女共も二、三回手を振った。大弥次の爆発だ。船は横づけに着いた。皆元気な足どりで上陸第一歩だ。堂々と行進をおこし（ていくと）、土産屋の店ばかり。写真屋等には鳥居を背景にした有名な人達の写真が幾枚も飾られてある。双葉山の子供の抱いている処や、外人が旅館のパヂャマ着ている姿もあれば阪妻《ばんつま》(9)と森静子(10)のロケスナップ等こうした色々な物を物珍しく眺め乍ら鳥居を入る。右側に海面に突き立てている鳥居が見える。左には五重塔、千畳閣等も見える。廻廠を通って向い側の松並木の海岸に出た。松並木から見る大鳥居、素晴らしい景色だ。

この辺で記念写真を撮る予定だったが、写真の柔剤《にゅうざい》の都合で中止になり舎監の命《めい》があり解散になる。一同は行動も自由になり友の呼ぶ声が彼方此方《あちこち》から聞えて二人連れ三人連れとなって見物だ。或る者は松の木の下で弁当をひらいている連中もある。先刻こっち来る途中で魚を焼いている店があったから廻れ右して戻って、そこで飯を食べることにした。その後俺も松並木の所で鳥居を背景にして記念撮影した。鹿を入れてやろうと連れて来るが俺の何処《どこ》が好かないのか、すぐ他に逃げて行く。仕方なく鹿が横に来た時、写した。何処を向いても土産屋ばかりに困った。直接家に帰るのだったら買ってやりたいと思った。

第五章　小豆餅と魚雷　１９４３（昭和18年）―１９４４（昭和19年）

呉海軍工廠時代、最後の日

十月十五日

久しぶりに郷里の姉から便りが来ていた。相変らず訳の分からない文が書いてあるが、懐かしく嬉しい。情《じょう》ある性質の良い姉、自分を色々心配している気持ちが良く分かる。御無沙汰した事にも暴風雨で手紙を出さず心配をかけた事、細々《こまごま》と詫びている。中々姉らしい。

今月下旬は兄さんの結婚だそうだが、兄さんはまだ結婚など考えてない。屹度《きっと》親類の人達に無理に勧められているのだ……と思う。俺達兄弟の事を思ってくれるのには何と云うて礼をして良いやら解《わか》らない。しかし兄さんはまだ独りで暮したいのだ。兄さんの気持ちは如何《いか》ばかりだろう。兄さんの気持ちは目に見える。

十月十六日

毎年秋になれば（長瀬の）叔母さまから栗が送って来るのだった。だから秋は何となく俺にとっては待ち人が来るように思われて待ち遠しい。例によって姉から栗送った通知が来た。今日か明日かと来る日も来る日も楽しみだった。十六日の夕方、黒板に自分の名前が書いてある。いつも下手に見える副寮長の字も今日は上手に見えた。小包は俺の外《ほか》に二三《にさん》来ていたが、その中でも（自分宛《あて》が）一番大きかったのは喜びに堪えなかった。掌《てのひら》へのある重み、済みませんと心の中で（謝り）小包の叔母様の名前を口にした。やさしい叔母様だ。感慨無量。小包が来てから工場に行っても栗の香りしてならなかった。舎に帰るのが何より楽しみだ。一度喰べたら止《や》められない。東奥日報(1)を見乍ら栗の皮を剝いていると叔母さんや姉さん達が栗を煮て、さて何に入れて送ってやろうかと思案した挙句、やはり袋に入れてやった方が良かろう、叔父さん〔姉の養父〕は小包を荷造りして駅員が幾ら一杯投げてもこれなら大丈夫だろうと云うて送ってくれたのが栗の味に混じって浮んでくる。愈々《いよいよ》栗も今日で終りだ。美味かったなあ。又来年迄サヨナラ。

十月二十三日　金曜

今日は特別に寒い。つい先刻迄の数知れぬ星は消え皓々《こうこう》と冴え渡る月さえ雲のため遮《さえぎ》られ、時々蒼白い光が見える。肌寒い風が身に沁みる。ふるえる用を足して飛んで工場に入る。工場の中が冷えると云うても外より大分温かい。まるで暖房装置してる様だ。

呉に来て久しぶりで年上の人と遊び歩いた。寒さは夜とあまり変りない。俺の寒そうな顔を見て、こんな寒い時は暖かいのを飲むに限ると引っ張り出されて過ごした。腹はコーヒーで一杯になった。さあ何軒喫茶店に入った事だろう。もう結構だと云うても心配するな、お前に金は使わせないからと頑張るのだった。お蔭で今日一日は楽しかった。

十月二十四日　土曜

昨日から曇った天気は益々寒さを増すばかり。舎の窓越しに見える海は不気味な色で荒れている。時々潮の匂いが冷たい風に交《ま》じって鼻にくる。何と寒いだろう。夕方工場に行く時、寮長から夜業は寒いから風邪を引かぬ様にと注意があった。工場が始めて火を置いた。火にあたるのはいいが、離れてからの寒い事、背中に冷水を浴びた様だ。まだ夜中の一時だ。冷えるのはこれからだ。早く夜が明け暖かい太陽を拝みたかった。

十月二十五日　日曜

東の空がほんのりと明るくなった。到頭《とうとう》、夜が明けたのだ。夜業の最終日は厳しい寒さと闘い無事に過した。今度は向う番の番だ。明日から一週間暖かい太陽の下で働こう。昼迄残業。舎に来たら姉から御手紙が来ていた。相変わらず元気でいるとの事。嬉しかった。叔母さんから林檎が送って来ると姉の面白い字で書いてある。

十月二十六日　月曜

起床は何よりつらい。残月の光を冷たく反射する窓を見て温かい床《とこ》から出る職工のつらさよ。思い切って跳ね起き様とすれど中々出来るものではない。一分でも一秒でも眠りたいのが僕達の。

十月二十七日　火曜

小包を送ったと手紙が来てから舎に帰るのがとても楽しみだったが、今日到頭着いていた。自分の手に渡れば、もう何の楽しみもない。開けずにそのまま押入れに放り込んで明日は楽しみだ。勘定書をもらう楽しさ。これも亦《また》もらう迄が楽しみだ。

十月二十八日　水曜

給料を受取り四時三十分には吾が家に戻った。夜業者諸君はいまだ夢を結んでいる。部屋に帰ると眠っている同僚に邪魔になると思い、図書室にて新聞を見れど皆昨日のばかり。小包を開く。楽しい。箱の中からかすかに林檎の香りが鼻にくる。力まかせ（に）板を破る。真紅の色の林檎が綺麗に詰まっている中に、懐かしい十和田湖の絵ハガキ入っていた、紅葉に包まれて。

十月三十日

夏季と違って秋の七時頃はもう暗くて足元が見えない。仕事を終えて暗い夜道を寮に急ぐ。帰る途中に立並ぶ家から、工場から戻る父兄弟を夕食の用意をして待っているのが見える。中には魚を焼いている香りも家々から洩れてくる。海に育った自分に何の魚を焼いているのかは良く分かる。その匂いが空腹にグッと応える。又しても思うのは郷里の事だ。家に居たらなあ。美味い魚を焼いて仕事から帰る自分を待っている。焼く魚の脂で家の中が煙っている。工場から帰る時は何時でも思うのだった。一寸した飲食店に入ったらガラス棚の大きな皿に鰯《いわし》が十尾ばかり焼いて載せてある。一皿五十銭だと云う。中々美味そうだった。

静かに昏暮《くれぐ》れて行く
瀬戸の島々　家の灯りが　折々
点く　空一面を蒼く深め

十一月二日

ふとんのカバーの洗濯も全部終わった。今度は丹前《たんぜん》(2)の襟にタオル掛けてばかりだ。ふとんのカバー拵えてもらってから七年になる。破れるのも無理ない事だ。棹《さお》に干して縮んでいる襟を手で横に一寸引っ張ったら紙の様にパリッと破れた。汗のためでもあろう。大切にしなくちゃいけない。

十一月十六日　月曜

用便のため眼が覚めた。まだ二時だ。外では毎日の訓練に余念ない爆音が屋根の上から聞える。先ず目が覚めると郵便函に気が向くのだ。三十三号の函にたった一枚ハガキが入ってる。乱筆で俺の名が鉛ピツで書いてある。表記には差出人の名も無い。裏を見ると印刷で三川回増店《（原文ママ）》が。小荷物だと頭にピッと来た。だが今頃誰からだろうと仕事し乍《なが》ら一晩中考えた。翌日になって早速受取りに行った。大きなカゴだ。見るところ林檎らしい。半分荷札は破れている。長瀬からだ。済まないと思った。干栗《ほしぐり》も入れてる様だ。林檎と一緒に干栗もと、わざわざ送ってくれたに違いない。もって来る途中、姉や叔母さんの顔が浮んでくるのだった。心から本当に僕達兄弟を親切にしてくれるのはあの人だけだ。

故郷に帰った時も仕事多忙にかかわらず姉と二人で滞在中毎日御馳走してくれたっけ。帰る迄予想は裏切られて温かい手で迎えてくれた。他の人は物を送ってくれないのに（長瀬の）叔母さんだけは時々送ってくれるのは何故だろう。何んな事をしてもお礼をやり尽くせない。

置き場所がないので袋の儘《まま》ふとんの間に無理に押し込んで工場に出かけた。これならネズ公も参る事だろう。だが夜の明けるのが待ち遠しかった。帰って見たら何とネズ公の野郎、袋に大きな穴を開けて林檎の半分を齧《かじ》り、そこいらに皮を散らしている。白いふとんのカバーが林檎の汁のため濡れている。まさかふとんは腐らないだろうと林檎を退《ど》けたら驚く匆《なか》れカバーの上から腐《や》っている。綿が出ている。畜生と思った。一枚しかないふとんが破けてこれを使えない様になっても誰も直してくれる人もない事を考えると大切に長持ちさせなければならない。

この頃続けざまに小荷物の来ること。最初は友達から、二回目は叔母さんから、三回目は静岡から。何《ど》れも林檎ばかりだった。小包の来る程嬉しく思うた事はない。だが送ってもらうのばかりで気の毒だ。何一ツ送って恩返しする事さえ出来ない。唯々《ただただ》頭が下がるのみ。鉄弥から小包が来る度に鉄弥の思いやりには感服するのだった。林檎の外《ほか》にちり紙、缶詰等が入ってる。

十一月十七日

金を送る支度《したく》も出来た〔日記の出納欄によると、六十円送金〕。この金を受取った時の喜びの顔が思い出される。又反対に怒られやしないかと馬鹿な事を思い出して不安になったりした。突然でさぞ驚く事だろう。何んな返事が来ることか、無事に手許に届いてくれる事を祈る。

十一月二十四日　全休日

全休日だが何処へも行かず舎にいた。日向で一日本を読んだ。夕食後ブラブラ本屋を出た帰り食堂に入り、飯を食べる。夕食後で別に腹が空《す》いていなかったが焼いた魚に醤油をかけた物があったので、いつも自分が焼いた魚が食べたくて故郷にいたら食べるのにと、我慢が出来なかった。焼いたその魚は一匹六十銭だ。少々高くても構わない。魚に飢えている俺だ。焼き立ての魚に醤油をかけた。故郷で謂《い》えば鯖《さば》でも食っている様だ。心の中で何遍も何遍も旨い旨いと言うた事だろう。故郷にいた時は叔父は毎日の様に魚を買って食べさせてくれ、同じ魚でも拵《こしら》え方が違う。今日は焼いて喰べると明日は刺身等にして喰うのだ。こんな事を思い浮かべている中に皿の魚も残り少なくなっていた。もう一度食べたかったが我慢した。（金が無いから）

十一月二十九日

夜の仕事も終えて部屋に戻る。昼勤者の出た後、相変らず掃除していない。たまげた奴等だとつぶやく。冷たい夜に箒を持って清掃した。窓を開けたらベランダに置いてある掃除用のバケツの中に三分の一程吐いている。見て腹がグッと鳴った。昨日は給料日で青二才共が酒でも飲んで気分が悪くなったのでバケツに吐き出したのだろう。朝一寸工場出勤する間に捨てたら良いのに、この儘置くとは何事だ。俺だったら絶対こんな真似は出来ない。世の中には色々な性質の持主があるものだ。あまり癪に障《さわ》ったので夜工場に行く時紙に書いて出た。顔見るのも嫌《や》だ。

十二月一日　火曜

雪空の間から時々（日が）青白い顔をのぞかせている。舎に帰って便り見るのが何より楽しみだが、又来ていないだろうと思えば舎に急ぐ元気も無い。いつもなら数多《あまた》の人を通り越して行くのだが（今日は）反対に追い越された。腹もペコペコだ。大根の煮たのを三十銭、食べ乍ら。

十二月六日　日曜

二寮〔堤寄宿舎の第二寮〕の入口に筵《むしろ》、菰《こも》、茣蓙《ござ》などが乱雑にしてある。新規徴用工員が来たのだ。図書室はたばこ吸う人達の喫煙所に（なり）煙がもうもうして部屋に戻れば五人入ったとの事。これで十三人が代るがわる八人でもふとんが重なり合ってぎっしりなのに何う考えても面白くない。部屋に戻ったら新しく入舎した者達が家から持って来たばかりのトランクを机の代りにしてハガキを書いている。皆若い者ばかりだ。他の部屋は大分は四十才ぐらいのおっさんばかりだ。汽車の疲れを休めているらしく、ふとんにくるまって寝ている。今日は何うも人数の少ない二寮も騒々しい。寮長達は眼を廻している。明日からはあの大きな食堂も混雑するだろう。今迄よりずーッと何かにつけて不便になってくるのだ。寮も新入者達に占領された様だ。友達（の中に）は大勢部屋にいるのは嫌だと云うて退舎した者も少なくない。良い間貸しで下宿でもあれば自分も退舎したい。

十二月七日　月曜

今日は湯のある日だ、残業も済んで早く帰る。きれいな湯に入ろうと思って工場から走り通した。七時には舎に着く。先ず郵便受けを見るが来てない。来てるのは新舎生（宛）だ。

十二月八日　火曜

この頃どうも体が疲れ易い。おまけに胸のあたりが時々痛む時も。二、三日これでも頑張り徹《とお》したが待てよ、故郷を出る時、叔母叔父達が無理をするなよ、腹工合が悪かったら休めと口癖に言うたのを思い出した。あっそうだ、叔父や叔母達はあんなに俺の健康を心配してくれるんだから無理してはいけないと初日入廠以来初めて午前引きして帰りに呉の共済病院に診療に行った。初めて行く病院、何だか怖ろしかった。薬の匂いが鼻にプンとくる。勝手知らない病院の事、漸う《ようよ》受付を探し出した。看護婦に問われるまんまに体の悪いと思う処をありのままに話した。

やがて第三診療室に入って診察を待った。五、六人済んだ後自分になった。しばらく胸に聴診器を当てていたが、結核の程か脚気の程か病名が解らないと云うが、自分は胸の病気だと思っている。診断書で三日の休みだ。俺も到頭、病気になった。二年間精勤の崇りだろう。胸と言えば誰しも嫌う病気だ。ああ何故俺はこんな病《やまい》になったのだ。誰がさせたのだ。神の仕業か。神の仕業に相違ない。いつか兄の手紙に「いかなる艱難辛苦《かんなんしんく》も神の与えた試練と思え」とあったが、考えて見ると成程《なるほど》そうだ。二年間も休まず懸命に働いたから神は休ませてくれるのだ、与えてくれたのだと思えば何でもないが、しかしこれが悲観せずにいられようか。

いつか丹羽文雄《にわふみお》(3)の作「闘魚」と云う本を読んだ事がある。父母なき後、たった二人の姉と弟が幸福な日を毎日暮らしていたがその幸福も奪われてしまった。弟は胸の病で寝込んでしまった。姉はその時金持の人と縁談がまとまって今日明日と結婚の日が近づいていた。その嬉しい結婚も弟のためにはと解消してしまった。そしておじさんやその他の人達に弟の事を知らせないで姉一人で弟の病気を治そうと決心して弟を療養所に入れ、姉は懸命に自分の身を粉《こ》にして働いて入院治療費を送っている。長い間御世話になった会社の記者も、給料が安いからと辞めた。弟の病院費に足りないからだった。たまたま病院に見舞いにくる姉のやつれた姿を見て弟は居ても立ってもいられないくらい済まないと思い、全快の日を何んなに待った事だろう。弟への姉の、真心こめて尽した結果が顕《あらわ》れた。次第に治って行った。全快後の弟は懸命に働き、仕合せな日を取り戻した。この様な結末になることは、この小説に当てはまってる様だ。

病名は気管支カタルだと云う。本当にそうなのか本当であってくれればいい。これよりまだ怖しい病気ではないだろうか。又三日の診断書で休みだ。休むのも中々一通りではない。毎日寝ては起き、寝ては起き、同じ事をくり返しているので休むのも嫌になった。

今迄待って待って待ち続けた幼馴染《おさななじみ》の友から手紙が来ている。故郷を離れてから初めての手紙だ。封を切るのが何となく怖ろしい様な気もしたが、子供が土産品の紐をとく様に嬉しかった。病気の心配も忘れて一行一行読み続けている中に懐かしいあの頃が思い出される。まるでこの間の様だ。くり返して何遍も読んだ。

十二月九日　水曜

来る日も来る日も楽しみに待つ物は便りだ。久しぶりで兄から便りがあった。兄も到頭、結婚した。これでお前にも暖かい手を差しのべる事が出来ると書いてある。俺に何も出来なかった事を心配しているんだ。良い兄さんだなあ。俺なんか何うなってもいいよ。兄さん達さえ幸福に暮らせたら。しかし兄さんと二人きりでいつかは暮らせる時が来ると思って楽しみに働いていたのに残念だ。遠慮しなきゃならない。俺も本当の一人ぽっちになった訳だ。

十二月十四日

起床と同時にふとんを蹴って起きた。早速郵便受けを見た。来ていた、来ていた。おや見馴れない字だが誰だろうか。又新聞代かと思った。裏を見たら兄さんの嫁からだった。初めての人から便りだ。その場で封を切った。親が無いとて悲観するな、私を親と思って何にも遠慮する事ないと自分を一番に心配している。何だか力強く思った。嬉しさが胸一杯込み上げてくる。手紙をポケットに入れて工場に走った。日は暮れ街に灯《あかり》が点《つ》いた。工場に行っても姉（嫂《あによめ》）からの手紙を思い出す。作業中に何回も取って出して見た。新しい姉を持った喜び。

十二月十九日

寒い夜勤も無事に済んだ。明日から又狭い部屋の中で十三日間寝起きしなきゃならないと思えば昼勤が嫌になる。眠る事を忘れ喰べ物を探しに音戸に渡る。舎生達も沢山音戸の町をブラブラしている。目的は汁粉《しるこ》ぜんざいを喰べることだ。二、三時間ブラブラして店を探した。様々汁粉を見つけたが、（客は）大分前から来ていたらしく店一杯に入っている。吾も吾もと押し合っている。皆甘い物食べたいらしい。自分もその中に入った。何やら六杯ぐらい平らげた。まだまだ腹に入るのに充分だったが我慢した。

十二月三十一日

十八年度の夜勤も今晩で終りだ。本当だったら明日の昼迄働くのだが今日だけでも早く帰り十八年度の最後の日を延々《えんえん》と過ごそうと早く寮に帰った。寮長室の晦日《みそか》の掃除の手伝いで寝る暇さえなかった。昼から工員達は続々と帰って来た。一時から各部屋の大掃除が始まる。清潔な部屋で新春を迎えるのだ。太陽は西へ西へと傾きつつある。四時頃には掃除も済んだ。皆疲れた体を横にしている。中には腹が減ったと叫んでるのもいる。今日は特別十時迄外出を許可される。正月を迎える様な気もしないのが残念だ。除夜の鐘を聴くどころか八時頃から寝込んでしまう。

翌《あく》れば一日《ついたち》だ。

部屋の者達が四、五日前から配給の酒を取って置いて今日の日を待っていたらしい。皆に茶碗で一杯ずつ俺のスルメを酒の肴《さかな》に祝った。三十分くらいしたら赤くなる者さえ出て来た。自分も目の縁がほんのり桜色になってきた。廊下のあちこちでおめでとうの挨拶の声が上がる。暫《しばら》くしたら配給当番が室に雑煮《ぞうに》を運んで来た。飯一寸に数の子だ、餅一切れ。餅の好きな俺には腹の虫が治《おさ》まらない。去年は工員の帰郷〔正月休暇〕も許可され、舎に残る者は四十人ばかり。餅も多かった。今年は十二月に新規徴用が入舎し、益々当りが悪くなった事残念に思い乍ら、これも皆国のためなんだ、今年〔新しい年〕は決戦の山だ。

老、若、幼も職場敢闘

1944（昭和19年）

一月三日　小雪

今日も亦、送金した。返事が来ていないのにがっかりした。着いたのか着かないのかさっぱり解らない。一体何うしているだろうか。腹を立てても仕様無い。思わず、今日は杉本さんから便りが来ていたのには嬉しかった。達者でいるとの事、なによりだ。

早速返事を出した。

家〔叔父の家〕から便りが一通も来ない。来る日も来る日も腹が立って淋しさを感じている時、例の誰からでも来る便りが一番楽しく腹の減っているのも忘れる。

一月八日

十九年度最初の奉戴日を迎えた。水雷部長の訓話があり意義深い奉戴日行事を修了。各地前線は今押され気味だ。押され気味は何故か。兵器が飛行機が足らないからだ。しからば、押して来る敵をおさえるには――。吾等生産戦士は職場に敢闘し兵隊が着剣して突撃する様に、吾等も亦玉砕の気持ちで頑張る事を誓う。
工場から舎迄二十分で辿り着くと残念乍ら湯は休みだ。
思いがけぬ人から一通の手紙が来ている。十通の手紙が来た様に嬉しかった。思えば昨年六月来たきりだった。字は誰のかは、ちゃんと知ってる。早速返事を書く。

一月十三日
何年振りで叔父から小包が来た。中にはイカの煮（付け）たのが入っていた。叔父さんらしい物ばかり詰めている。一番嬉しかったのは日頃干鰈《ほしがれい》を夢見ていたが、俺の心通じたのか干鰈も入っている。喜びは一通りでなかった。珍しく小包の来るのを見ると送金も届いたらしい。

一月十六日　全休日
上田君がぜんざいを食わせるから（と云って）上田君に連れられて行く儘《まま》に後を従《つ》いて行く。音戸町を越えて淋しげな街に学校がある。その少し手前に小さい家がある。上田君がそこに入った。僕も後から入った。中から小豆《あずき》の煮る匂いがしてきた。暫く奥の方で待っていてくれと言われて二人は遠慮なく入った。ぜんざいが出来るのが待ち遠しいだろうと餅をくれた。何と本物の餅で珍しかった。

やがてお待ちかねのぜんざいが出来た。おばあさんは次から次と茶碗に盛ってくれるのだった。八年振りで小豆餅《あずきもち》を食う嬉しさ。甘い物好きな俺には何杯でも腹に入っていく。これで四杯目だ。上田君はもう食えないよとバンドを弛《ゆる》めてる。後の残りは舎に持って帰る事にした。全部で五円幾ら食べた。上田君がいる限りはちょいちょい食べられる事だろう。一つ楽しみが出来た。実に美味い。

叔母さんから便りが来た。小包を楽しみに待って居《お》れとの事。待ち遠しい。

三月七日
厳しい寒さの中に夜業の二日目が明けた。朝日は工場内にサンサンと入っている。機械のハンドル昨夜完成させた。魚雷も太陽の反射で気持ち良く光ってる。一発的中の魚雷が出来たのだ。俺達はこれから帰って寝るのだ。終業のベルが広い工場内に鳴り響いた。昨夜の疲れも忘れて洗面場に走り行く。その時だった。同じ組の栄《さかえ》君に召集の通知が来た。今迄顔を洗っていた者達が「おめでとう、おめでとう」の声を浴びせた。何とも言えない光景だ。逢う度にまだか、まだよと語り合った友だったが遂に召《め》された。愈々今度は俺の番だ。その日は眠いの我慢して汽車の時間を見に呉に出た。いろいろ買物していても召集が来てはしないかと胸が騒ぐのだった。寮に帰ったのは(午後)四時だった。もう一時間したら工場に行く時間だ。今日は一日眠ってない。召集が来る体だ、今日一日休む事にした。友達と一緒に冗談まじりで今頃は家で電報発信して(4)いるかもしれないよと語り就寝した。

三月八日　大詔奉戴日《たいしょうほうたいび》

五時起床。田中君は出発の支度して荷造りしている。羨しさのあまりに見蕩《みと》れていたら、電報だよと持って来てくれた。前から覚悟していたつもりだったが、胸がドギマギした。来るものが遂に来たのだ。待望の召集だ。昨日はあらかじめ支度していたが、まあ慌《あわ》てる必要なかった。早速工場に走った。今日は大詔奉戴日だ。町中《まちじゅう》は日之丸で一杯だ。外に流れ出てくるラジオの勇壮なる音楽「海行かば(5)」。今日のこの奉戴日に御召《おめし》が来るとは何たる光栄だろう。吾乍ら男になれた感じだった。工場では整列していた。俺の召集を誰も本当にして聞いてくれるものはない。組長と工廠長が「愈々来たか、やあ、おめでとう」と祝ってくれた。早速主任の許可を得るべく事務所に入って行く。主任殿は中々すぐ帰郷させてくれない。自分はあくまで今日帰してくれる様願った。遂に許可してくれた。早速工場を整理して今夜二十一時四十一分に呉を出発することにした。

薄暮に包まれる棚田町《たなだまち》(6)。

終章　さよなら兄さん　１９４４（昭和19年）帰去来《かえりなんいざ》・八戸

今日のこの休暇[1]を永久にこの日記に残す。

呉工廠に帰郷（の申請書）を預けて一週間、（僕は）今日の日を何《ど》んなに待ったことか。一日一日と帰郷の日が迫ってくるに従って何か又事故が無いだろうか、又警戒警報が鳴らないだろうかと心配し乍《なが》ら今日の日を迎えた。まるで夢の様だ。配給のお菓子なども食うのも食わず頑張り通した。その御蔭でトランクは叔父達の子供の土産で一杯だ。十七時二分の汽車で帰るというのに昼に舎を出た。心は半分故郷にもう着いて遊んでいる。

広島発十七時二分―東京着十時六分―上野発十九時―尻内着五時五十六分

一

広島駅を発ったのに曇天の空に夕日は薄赤く雲の向うに見えている。汽車はあまり込んでいない。二人席の左右に向い合い二人っきりだ。しかも前の人は呉屯《くれとん》〔呉の駐在所の巡査〕さん、何か余興の様な本を読んでいる。最前《さいぜん》[2]ホーム出る時、老いたる母、友達等に別れ言葉を述べている。力強く弟にはしっかり勉強せよと三回言うていた。母らしい人には俺もこの通り元気だから母さんも体を毀《こわ》さない様にと、くり返して言うている。何とも言えない風景だ。自分その方に気を取られ、ほっとして車外にいる人達と視線がばったり合う。目のやりどころに困った。

車外薄暮《はくぼ》に包まれ客達も騒《ざわ》めいてきた。莨《たばこ》の煙のため車内もうもうとしている。愉快な話の中に俺は気分が悪くなり、ただ窓に凭《もた》れ薄暮の瀬戸内海を眺めていると、由比《ゆい》の浜(3)に押し寄せる波さえ鉄弥に逢って帰れと言うてる様だ。致し方がない。車外に由比の駅を眺め乍らもしやこの辺に鉄弥が遊んでいないだろうかと見れど、ただ海岸の打ち寄せる波の音だけが聞えるのみ。左手に朝の富士山を眺め由比を過ぎる。やがて汽車は東京駅に辿り着く。時間十時六分。東京駅はいつも一杯。工場に行く人や会社に行く人で省線〔国鉄時代の国電〕などは満員だ。愈々《いよいよ》来世への入口上野駅に着く。早速家に電報を打つ。

上野駅から十九時の急行で帰ることになっている。まだ時間がある。トランクを預かり、去る日に一度来た事のある浅草に時間をつぶしに地下鉄に入る。空は雨でも降ってくる空模様だ。賑やかな浅草の寺も人が少ない。

たまたま生温《なまぬる》い風が吹いて鳩を脅かしている。まず浅草に参拝だ。何か土産があったらと探したがそれらしい物もなく、いつの間にか映画街に出る。最早客達が前に並んでいる。西は今にも(雨が)降りそうだ。去る日に兄と一緒に入ったことのある三友館《さんゆうかん》(4)がある。懐かしい。浅草帝国館(5)に入る。映画が済んだらもう雨が降り出している。地下鉄迄走った。時間があるので上野駅の辺りをブラブラする。上野駅は主に東北に行く人達ばかりだ。自分はもう故郷に帰ったつもりだった。雨は止みそうにもない。時間も一刻一刻と迫ってくる。十九時急行・青森行の改札口にはトランクを横に置き新聞を見ている者もいる。又（トランクに）腰を掛けている者もいる。色々な恰好で一列に並んでいる。

僕もその中の一人だった。英霊骨安置場には声なき凱旋が祀《まつ》られていた。入口には御自由に御焼香して下さいと書いてあるが誰一人行く人もなく情け無い人ばかりだと思っていたところ、二人の女学生らしい者が、ハイキングからの帰りだろうか背に大きなリュックサックを背負っている。手に積石《つみいし》(6)を持ち英霊の前に行き焼香しているではないか。何と麗しい光景だろう。これでこそ銃後を守る女学生達の姿だ。自分も後から女に負けてたまるかと拝む。

最早十九時だ。改札は開いた。ホームへ走る。やがて汽車が入った。雨降り東京を後に愈々我が家に向う。果して家に帰って怒られないだろうかと余計な心配してきた。この列車に乗っているのは大抵《たいてい》北海道に渡るという人ばかりだ。汽車は一路北へ北へ邁進《まいしん》する。

二

後《あと》三十分で尻内《しりうち》(7)だ。トランクを持ってデッキに出た。そこにもう一人僕より一寸《ちょっと》年上の青年がいて、持っているトランクに八戸市魚町《さかなまち》と書いてある。何処から来たのだろう。やがて汽車は速力をゆるめ緩《ゆる》やかになってきた。到頭《とうとう》尻内に着いたのだ。ホームから駅員の「尻内…尻内」と声が聞えてくる。五時五十六分に着く筈が三十分も遅れている。御蔭でお腹がペコペコだ。いい工合に弁当と焼そばを売っていたので早速買った。鰊《にしん》の本場なので弁当に鰊が入っている。まだ温かい。先《ま》ず数の子に箸を付ける。鮫《さめ》〔八戸港に臨む東岸地区〕行きの汽車が停車している。七時二十分発らしく、その間にモンペエ姿の女学生達が懐かしい訛《なまり》でペチャペチャ喋っていて東京や大阪人が近くにいたらさぞ不審な顔して聞いた事だろう。迎えに来ている筈の者が来てなかった。(汽車が動き出した。)八戸も過ぎ陸奥湊《むつみなと》〔駅名〕だ。ここには迎えに来てるだろうとそっと車窓から一寸顔を出したが誰もいない。ああ居《お》らない方がいいと思った。(やけくそ)になったからだ。

懐かしい母校の喇叭《ラッパ》鼓笛隊が聞えてくる。そこで暫《しば》く音が消えた。僕達が吹奏した事のある「君が代」だったが、僕達の時代より下手になっている。陸奥湊で暫くブラブラしていたら皆で顔をジロジロ見る。嫌な奴だ。

姉の家に帰るのが本当か叔父の家に帰るのが本当かと、三十分ばかり迷った。長瀬の電話番号が分かればかけようと公衆電話迄行ったが、番号の書いてあるのがない。仕方なくトランクを片手に叔父の家に向う。館鼻《たてはな》(8)を通って先ず誰よりも先に告げるのは仏様だと思い、線香の香り漂う墓前に参り低い声で「只今」と云った。涙がこぼれた。人生は馬鹿である。そして暫く墓前を見詰める。ショボショボ御前《みさき》(9)神社の処迄来た。ああ、見える。造船場も(隣の)杉本の家も、そして休屋《やすみや》(10)の家〔著者が十四歳まで祖母と暮らしていた生家〕も。叔父らしき者は屋根に上がって何か手入れしている。川岸で何処の子供か知らないが大きな水の入った桶に手を突っ込んで遊んでいる。時々軒の下を子供達を背負ったお母さんらしい人も見える。声をかけ様《よう》として又呼ぼうとしている自分。思い切って「おいおい」と呼んで、こちら向いたので手を振った。暫く怪訝《けげん》そうにしていたが、誰か見当がつかないのだろう。知らん顔していた。僕もがっかりした。僕の帰るのを知らんのかな、それとも勝手に帰って来いと言うのかと、帰らない方が良かったんじゃないかと思った。何うでもいいや帰ってくるのは悪いんだと海岸を通って来た。川口《かわぐち》を廻って家に入った。そうしたら、やっぱり姉も来ている。話によれば駅に行っても見えなかったとの事。もしや先に帰っているのではないだろうかと湊《みなと》(11)の家〔叔父・政次郎の家〕に来たところに丁度俺が帰った訳だ。奥の方でお母さんが喜んでくれるし、まあこっちへ上がれ上がれと迎えてくれ、自分の思っていたのと全然違うので涙の出る程喜んだ。早速御馳走。よもぎ餅だった。子供達の大きくなったことには驚いた。餅を食べ乍ら色々話に花が咲き出した。親戚人が皆集まる。兄もやって来るし今日の日を長く銘記すべきだ。楽しい。煎餅《せんべい》出るやら漬物出るやら話に夢中になり、もうお昼前だ。わざわざ鰊を喰べさせてもらい鰯《いわし》も何年ぶりだろう。実に旨い。だがあまり喰べなかった。餅を喰べたから。誠に残念だ。

夜は長瀬の叔母《おば》さんの処《とこ》に行く。(甥の)喜八《きはち》〔姉の長子、三歳〕も大阪で見たより大きくなっている。大騒ぎして一晩中を過ごした。後で中々利口者だと思った。

湊の家に帰ったのは夜十時過ぎだった。叔父は多忙の仕事から帰り御飯を喰べている。静かに戸を開けて入る。叔父は顔を見るなり良く帰って来たと喜んで迎えた。まあ飯を食えと勧めた。長瀬の家で沢山御馳走になってきたところだったが馬鹿に鰯が美味そうだから、「うん」と返事して一膳平らげた。子供達は皆眠っている。ルイ子〔叔父の長女・鉄弥の妹〕だけ起きている。大きくなった。昔と違って本当の娘さんになっている。色々話をした。時計は十二時だというのに叔父はまた出かける支度している。一日も済んで兄さんと二人で久しぶりで寝る。

三

子供達は色々な寝相《ねかた》して滑稽《こっけい》だった。六時だと言うのにもう起きて、美味い味噌汁の香りが家中に広がっている。鍋を覗いてみた。凍み豆腐〔高野豆腐〕が一杯入ってる。又魚に醤油をつけて焼いている。どれもこれも皆美味そうだ。呉より物のあるのには驚いた。朝食前、西野健《にしのけん》ちゃん〔健一、同世代の従兄弟〕が来た。これも大きくなっている。まるで自分だけが子供の様に思われた。長年見なければこれだけ違うものかと泣く泣く驚いた。一緒に朝食事を済ませ、又長瀬に行く。一月《ひとつき》前からお土産にと貯めた配給お菓子を出して子供達にやった。皆で喜んで食《く》ってくれたので食わず貯めて持って来た甲斐があったので嬉しかった。

兄の合宿舎《がっしゅくしゃ》(12)に案内されて入る。六畳間ぐらいの部屋にたったの二人きりだ。中々楽だろうと思った。

朝から曇り通しだ。兄さんが火種を持って来たので炬燵《こたつ》をした。呉はもう夏だというのに北国の八戸がまだ二、三月くらいの気候にはびっくりした。炬燵に入り新聞を見ていたが、あまり静かな部屋なので眠気がしてきた。兄さんがふとんを敷いてやろうかと心配してくれたので敷いてもらった。二人で寝た。その中《うち》兄さんと一緒にいる部屋の人が帰って来た。いつしかぐっすり寝込んでしまった。寝汗をかいて幾度か目が覚めた。今晩は長瀬家が何か御馳走をするというので兄さんと二人で腹を減らす事に決めて腹が減ったなあと言い乍ら寝ていた。四時には合宿舎の風呂に入り長瀬（の家）に向う。何処を向いても清々《せいせい》として並木ばかりで気持がいい。凸凹道を二人で話をし乍ら歩いた。いつまでもこうして兄弟二人で暮らしたいと思った。

四

長瀬の叔母さんの家に着いた頃は外は夕暮が迫っている。喜八は相変わらず暴れている。暫くしてから膳が出て（散らし）寿司だった。真っ白な御飯の上に黄色と赤のたまごやにんじんや具が沢山掛けてある。しかも大きな皿だ。街に出てもこんなもの食った事がない。ああ俺が帰って来たのをこんなにして喜んでくれるのかと思えば熱いものがぐっと込み上げてくるのだった。丸い大きな膳の上にはビール、ブドウ酒が置いてある。丁度そこに津村孝一さんが来た。皆で御飯を勧めた。一口入れたが中々美味い。腹の虫がびっくりするから先に腹の中に知らせてから喰べるとか言うて大笑いだ。コップには赤いブドウ酒が注がれてある。オキオキ(13)も久しぶりだ。オキオキを五杯喰べたところ寿司がもう入らない。長い間こんなもの一ツも喰べた事がないのに急に自分が食べたい食べたいと思ってる奴が沢山出たので見たばかりで腹一杯の気がした。寿司を一杯半食べて隣に坐っている兄にやった。兄も良く喰べると感心した。孝一さんも腹一杯で動けない云うて懸命にバンド弛め寝そべっている。おかしな風景だ。鰊と一緒に煮た蕗《ふき》も中々美味い。食いたいが腹が大きいので残念乍ら箸を置いた。姉さん達が食事の後片付けして炬燵を囲んで雑談する。喜八坊も飯を食ってもの凄い元気だ。踊りやら色々な真似して大騒ぎだ。二時三時頃まで起きて遊んだ。兄さんと二人で寝ることにした。柔らかいふとんに身体を埋めぐっすり眠る。

五

最早、階下で御飯支度に忙しい。かたかたと音してる。二階の薄暗い部屋に寝ている。窓は一ツだけだ。兄さんもまだ目が覚めそうもなく寝ている。障子《しょうじ》は太陽の光で明るい。起きて服を着替えてると兄さんも目を覚ました。八時三十分だ。これから御飯だ。暢気《のんき》でいいな。毎日こうして楽にして暮らしたいもんだ。起きたい時起きて食べたい時食ってか。考えても野暮だ。御膳に向う。昨夜のオキオキだ。夕べは腹一杯で食べなかったが、今朝こそは一杯頑張ってやれと西野の健ちゃんも来ていた。美味い美味い、中々良い味だ。こうして日記を書いていても、あの団子が舌に触る様な気してならない。

今日こそは種差《たねさし》に行くつもりだ。海軍記念日(14)でもあるし十時過ぎから駅に向う。雨上りでもあるので、たまたま冷たい風が吹いてくると「今日は種差は寒いぞ止めようか」などと言って駅に着いたころは種差行きの汽車が去った後だった。次の汽車迄はまだ四十分あまり間があった。（隣町の）三島《みしま》迄歩こうと二人でブラブラ歩くことにした。途中ツヤさん（旧制高等小学校の同窓生）に会った。中々多忙の様だった。呉の方はもう夏の様に暑いというのにまだアイスクリームがないが、寒い国の八戸の方に、しかも故郷ではまだ炬燵出してるのに反対にアイスクリームがある。兄さんとクリーム二個ずつ食べた。目的地の鮫（町）に着いたのは昼頃だった。魚市場《うおいちば》見学。いろいろな魚が沢山陸揚げしてあった。種差には行かず帰った。途中映画館に入る。ルイ子さん大笑いだった。三時頃兄さんの合宿舎に寝に行く。夜はまた訪問だ、忙しい。

長瀬の家に行ってブドウ酒とビールを飲んで出かけた。途中あまり飲んだせいか胃が痛み出した。兄さんと一緒に歩いているので我慢している。街は警戒警報で暗い。陸奥湊駅まで漸《ようよ》う着いたので便所に入る。余程腹具合が。再びツヤさんの家に向う。行ったが多忙らしく数分待ったが帰って来ないので前から訪ねてみようと思っていた中道《なかみち》君の家に行く事にした。大阪で別れてから二年あまり。久しぶりに合う親友だ。「今晩は」と戸を開けると二階から唄を唄って降りて来た。「よお」と声を掛けた。相手は暫く電気に透かして見ていたが、「僕だよ、河村だよ」と云うと、向うで「よお」。一寸散歩しようと暗い道路を湊町《みなとまち》に向って語り乍ら歩く。

昔と違って賑やかでない。友と別れ兄達の後を追う。走って走って映画館の辺りで追いつく。暗い夜道を兄と二人で家に帰る。九時廻っている。家では子供達がルイ子とお母さんが起きてる。焼干《やきぼし》した鰯を焼いてる。美味そうだから二匹喰べた。間《ま》もなく叔父が仕事から帰って来た。ルイ子達と話している中に十二時前だ。ふとんにもぐり込む。

六

今日は大掃除らしい。兄と二人で二階を掃除していたが兄が何処かへ遊びに行けと勧めるので海岸に出、館鼻に上った。御前《みさき》神社の上から家の方を眺めたが皆で懸命に掃除しているのを見ると、安閑として遊んで居れないので家に引き返して又掃除していると西野の叔母さん〔西野健一の母〕が来て長瀬（の家）に来いとのこと、また出かける。兄さんに気の毒だった。馬鈴薯の丸煮を御馳走に。家にいた時よく喰べたもんだ。漬物を喰べ乍ら芋鍋を囲んだ事が昔懐かしく思い出された。腹も一杯になったし二階で数時間眠る。目が覚めた時は体中一杯寝汗をかいている。体が弱いためだろう。階下に降り御飯を喰べた。卵と肉の御菜《おさい》だ。中々美味そうだ。ご馳走ばかりで腹が減らない、それなのに食うから美味しいのも味が無かった。懸命に働いて食ったら何《どん》なに美味い事だろうと思ひ乍ら半分以上平らげた。外は上天気だ。

叔父の家の掃除も済んで今度は幼い時から祖母と暮らして来た思い出深い吾が家の掃除だ。家の中は障子は破れ、畳はなく、荒屋《あばらや》だ。兄と二人で懸命に掃除した。何《いず》れ兄が結婚して、この家に入る事だろう。家の前で若い娘たち二人、話している。何処にいても娘には目が付くもんだ。窓からそっと覗けば何んだ学校に行っていた時分、良く遊んだりある時は喧嘩したり、掠《かす》らせたりした隣の美代とみどりだった。大きくなったものだ。みどりといえ美代といえ見違える程大人になった。顔を合わすのが恥ずかしい。だが何しても女達のいる入り口を通らなければならない。仕方なく「今日《こんにち》は」と会釈して通った。みどりの方がこっちを向いていたので向うでも軽くペコリと頭を下げた。二人は別れたので、みどりの方に幼い時から遊び友達だった次郎さんの住所を聞いた。北海道に行ったとばかり思っていた美代子さんにはびっくりした。六年振りで会う幼馴染の友。大きくなれば大きくなる程物が言い難くなる。しかし小さい頃からの知り合いだ、何故その場で彼女等に幼き頃の思い出を語れなかったろう。知らない振りして彼女等の横を通り過ぎた自分が情け無くなった。あの時、物を言うたら楽しい話に花咲く一時《ひととき》が過ごされたに違いない。

七

今日は久しぶりの一人歩きだ。陸奥湊を通って汐越《しおこし》の打ち寄せる波を眺めていると幼い時の事が思い出される。我を忘れ何かを考えている。太陽は西に傾きつつある。気持ちのいい浜辺を名残惜しんで吾が家に帰った。家ではまだ少し片付いて居らない。兄や西野の叔母さん達が最後の掃除に精出している。

ルイ子と二人で家にいた時、御使いに行った事のある丹野《たんの》の豆腐屋に懐かしくて入る。同級の要次郎《ようじろう》君が顔に白い繃帯して仕事を休んで家に帰って来ている。久しぶりに見る顔、大人になっている。煙草も吸う。俺と比べて見れば本当に大きくなっている。丹野のおばさんが俺を見て、「おやおや誰かと思えば休屋の正雄さんか」とびっくりしている。御菓子を出してくれたが、ルイ子が帰ろうと言うのでルイ子を背負って帰った。途中アイスクリームを買ってやったら喜んでいた。

故郷を離れうどんを食う度に故郷の「ハットウ」(15)を食べたいと両々《りょうりょう》(16)思った事だった。それが今晩はその「ハットウ」だ。何の出汁《だし》か知らないが中々美味い。(三杯食べたら腹一杯だ。食いたいが我慢した。)

日はとっぷり暮れていた。兄さんわざわざこの遠い夜道合宿舎に帰ると云うている。自分も兄と一緒に帰る事にした。暗いそして狭い道を唄い乍ら帰った。目的地は合宿舎でない。長瀬の叔母さんところだった。もう幕を閉めている。中の方で喜八相手に賑わっている。兄は風呂に行くと言って出たが、時中《ときなか》(17)が来たから風呂はないと言ってすぐ戻って来た。あまり遅いので二階に泊まる事にした。

八

雨はショボショョボ降っている。大東亜戦争下、八時廻ってる。ショボショボ降る中で洗顔後、御飯だ。大好物の蕗を鰊と煮た物が大きな皿に盛ってある。その他に色々な副菜《おかず》がある。兄と二人でまるで俺達の家のように思い乍ら食事を済ました。

愈々お別れまで今日一日だ。今日は喜八に兄と姉と四人で写真を写すので十時頃から成田写真館に出かけた。撮影後、姉と別れ兄と二人で雨降る中を合宿舎に戻った。兄と二人で楽しく歩き廻るのも今日一日だ。明日はお別れだ。合宿舎に行ったが休む暇もなく、亦出かけ様かと八戸に行くことにした。雨降りの畦道を停留場に出た。行く先は三日町《みっかまち》(18)だ。久しぶりに乗るバス。呉の方のバスと違って中々感じ良い。

昼食は三万《みまん》デパートにてランチと蜜豆で済ました。色々兄さんに洋食の食べ方作法を聞き乍らで美味《おい》しかった。バスは満員だ。八戸駅まで歩く事にした。途中美味そうな餅を売ってるので兄と二人で買うかと五十銭買った。俺が（腹が）減っていたのでその場であんぐり一口。何と砂糖味がない。兄さんが低い声で何うだ美味《うま》いか云うたが、美味いどころか砂糖が入ってないよと答えた。そこの店出てから兄さんの言うのには、店の前にこの餅に砂糖が入っていませんと書いて貼って置きやよかったと大笑いだった。だが自分はこんな餅らしい餅を食ったことがないのでとても美味かった。呉の方よりはるかに喰べ物がある。贅沢なくらいだった。風呂敷に包んで帰った。駅内で暫く汽車を待った。

その間兄さんは何かしら淋しそうな顔をして考えてる様子だった。明日は愈々別れるので淋しさを胸に秘めているのだと僕は思った。たしかにそんな事に違いない。自分も何だか心淋しく思った。

だが兄さんの心境も僕の心境も同じだ。今日来て、明日帰る様だ。楽しみも明日で終わりだ。兄さんの顔が痛々しく見えるので、そ知らぬ顔して淋しい思いをまぎらせ乍ら、改札口の上に掲げてある旅費等を訊いたりした。時間はすぐだった。陸奥湊に着いたのは二時頃だった。湊の叔父の家に行く事にした。昨日の大掃除の残り、窓掃除して二人で手伝う途中で手を止めて二階で今日買って来た餅をルイ子と丸納《まるの》と三人で、誰にも言うなよと二人に言うたのにもかかわらず後の者に言って俺にもくれよくれよと騒ぎ出した。無いと言うても聞かない。そこへ兄さんがやって来た。子供達に見せて隠す奴があるかと怒った。あの時の兄さんの顔が今も思い出される。初めて俺に怒ったので嬉し涙が出た。階段を降りたら熱いものがボロボロと頬を伝わった。体裁が悪いので風呂に入る道具を持って家を飛び出した。もっとそして毎日怒ってくれれば良いと思った。蹴られても良い。

兄さん俺に対しあまりやさしすぎるから少しの事でも淋しくなり兄さんが恋しくなるのだ。兄さんが俺にどしどし怒ってくれたら自分も何だいあんな兄さんと反感を持って気の強い人間になるかも知らない。湯に入っていても怒られた嬉しさで止めどもなく込み上げてくるのだった。

湯上がりの途中、同級の浜崎君に何年振りかで逢った。中折れ帽に菜っ葉服、顔は汐風に吹かれているので日焼けしている。浜の子は浜の子だけに健康だ。自分と比べて余程《よほど》の差がある。家に帰ったら晩飯の支度してあった。兄さんが、風呂に行って来たのか、俺に言うたら俺も行くと言ったのに、と。四、五日の間の短い休暇を兄さんと一緒に歩きたいのが山々だった。晩飯後、丸納と勇《いさむ》〔叔父の四男〕と三人で海岸を通って浜須賀《はますか》の防波堤のある処に散歩に行った。浜には兵隊さん達の姿も見えた。子供を連れた夫婦の姿も見える。子供達は寄せては返す波と戯《たわむ》れ遊んでいる。左に目をやれば今川口に波を蹴って入港しようとしている発動機船も見える。

目につく物皆、懐かしい。夕方なので砂は冷たくなっている。暫く腰を下ろして丸納達と遊んだ。楽しい日も今日限りだ。辺りの人達も見えない。たそがれの海岸を家に急ぐ。途中の木造船所の大工連中も仕事も済んで角力《すもう》を取っている。一日の仕事も終えて疲労も忘れ角力の取った後は楽しい夕飯が待っている。懸命に働いた後の御飯は彼等にとっては何《どん》なに美味しい事だろう。労働者でなければ味わわれない。

家に帰った処、日はとっぷり暮れている。叔父（政次郎の弟・與五郎《よごろう》）が来ていた。相変わらず元気だった。兄は合宿舎に帰ると云う。自分は今晩一晩なので兄と一緒に寝たかったが叔父さんの家に寝るのも今晩限りなので兄さんの方を断った。（兄さんは）左様奈良《さようなら》と暗闇に消えて行った。叔父さんはまだ帰らない。ルイ子の外《ほか》皆さまざまな格好で寝ている。もう九時近かった。お母さんがルイ子にサイダーを買ってくる様にと言い聞かせている。ルイ子は一緒に行こうと言うので随《つ》いて行く事にした。サイダーを飲み乍ら煎餅を齧っていたら叔父が仕事から帰って来た。自分の持ち帰った弁当の残りにお茶をザブザブ注いでいる。腹の減った時の美味しい空音《そらね》を立てている。十二時頃床に就いた。ふとんの中で兄さんと一緒に帰らなかった事を後悔した。

九

愈々お別れの日。

凍み豆腐（高野豆腐）の御汁だ。小さなイカの煮た物、とても美味かった。兄さんから電話だと杉本の人が知らせてくれた。電話口に立った。「もしもし正雄か」「うん」。俺が今美味しい物を作っているから飯を喰べずにすぐに合宿舎に来る様に。途中、長瀬（の家）に寄って俺の風呂敷と傘を持って来てくれと言って電話が切れた。御飯を喰べた後では何もならない。まあボチボチ出かけた。太陽は東の空からサンサンとして照りつける。合宿舎にいる筈《はず》の兄が長瀬（家）にいる。さては昨夜ここに泊まったに違いない。赤飯を拵《こしら》えて待っていた。兄と二人で戴く。沢山あったが喰べなかった。

十時頃から津村さんの家で遊んで来た。今日でお別れだと思えば何処へも歩かず家に居たい。太陽が西向きの窓から二階の窓に射し込んでいる。むし暑い部屋だ。長い間お別れだ。又この部屋とも。あまりの淋しさにただ天井裏を見つめるばかりだ。寝転んで自分の傍《かたわ》らで子供達が腹の上に乗ったりポケットを探したりしているが別れる淋しさで胸は一杯なので子供達と戯れるのも嫌だった。時間は切迫してくる。階下では自分のために色々なものを作っている。出るのはため息ばかりだ。ルイ子は時々今拵えているカリントウを持ってきてくれるので抓んでは食べている。眠いのも忘れている中に叔母さんが土産を包めと叫んでいる。名物煎餅だ。ルイ子も自分が帰るというので、忙しい叔母さんについて手伝うので宿題も出来ない。自分は書き取りしてやる。帰る支度も出来て叔父〔政次郎の弟・與五郎〕の家に行く事にした。子供達も中々大きくなった。やさしくしてくれるので嬉しかった。

　叔父の家を出た時はもう暗かった。八時だ。もう一時間だ。次第に切迫だ。姉達が土産を風呂敷に一杯持って来ている。子供達は別れる自分のつらさも知らないで平気な顔している。自分の胸は針で刺される思いだ。叔父さんは相変らず多忙で居らなかった。日数《ひかず》の過ぎるのは全く早いものだ。昨日只今と云って帰って来たと思ったらもう今日は別れだ。叔母さんに別れを告げ家を出た。外は暗い。警戒警報で灯も消えているせいもある。兎《と》に角《かく》暗い。

　見送りの兄や姉達は荷物を全部持ってくれるし、淋しい気持ちを胸にふくめ乍ら家から歩み遠ざかって行く。何年振りで帰郷し気長く滞在する暇《いとま》もなく、時々帰るという訳にも行かぬ。しかも西から北へ呉から帰って来たではないか。この踏みにじられる様な気持ちを今別れる肉親の兄姉しか知らないだろう。懐かしい兄から姉から又故郷から友から、誰がこの俺を引き離そうとするんだ。あまりにも残酷だ。社会はこんなに暗く苦しいところだろうか。いやいや何事も運命だ。俺は何《ど》うせ兄姉や生れ故郷に縁が無いんだ。生れ故郷では死ねない。こんな事考えている中にもう駅近い。兄達の影はもう前には見えない。

星の降る様な綺麗な夜空だ。呉に帰ってもいずれこんな夜空を眺める事だろう。その時はきっと今夜を思い出す事だろう。時間はまだ四十分余りある。一人ションボリ駅の柱に寄りそっていたら、先刻まで見えない見えないと思っていたルイ子が暗い方からこっちへ走ってくる。走ってくるなり俺に用があるらしく招いた。友達が来ているとの事。誰だろうかと不審を抱き乍らルイ子の後を随いて行った。駅前の停留所より横の所で女らしい人が二人突っ立っている。は〜、さてはわざわざ俺を隠れて見送りに来てくれたなあ、第六感に来た。近寄ったら思った通りだった。薄暗い処で顔がハッキリ分からないが二人共昔の儘《まま》の顔だが背丈が伸びている。俺が物を云うているので二人はあまり口を利かない。恥ずかしいのだろう。時々昔の思い出話をして口を揃えて笑ったりした。あの頃は全く愉快だった。学校に入っている時は中々お転婆娘だったが幼い時の事が次から次からと浮かんでくる。(彼女達は何のために俺を見送りに来ただろう？　別に話をする事もしないで只俺の話の行方《ゆくえ》に乗って笑うだけだ。彼女達は物をも言わない。)

先刻迄の淋しい気持ちが消し飛んで今は三人で昔に戻り昔の気持ちになって色々語り続けた。もう時間だ。何故もっと早く逢わなかったか名残惜しい。八戸駅迄送ってくれた。気動車《きどうしゃ》[19]の中で何の話もせず、それも人がいるからだった。心の中では詫びた。二人も変に思った事だろう。もう八戸駅だ。二人は人ごみの中に交《ま》じって降りた。ホームで気動車の走るのを待っている。

愈々決別だ。声をかける事もなく車窓の外で頭を下げたのが見えた。自分も窓際に立って左様奈良した。二人の姿も早《はや》見えない。何と淋しいお別れだったろう。心に深く感謝した。

もう湊町も見えない。廻りにいる兄達も後二十分くらいすると別れだ。何だかこれが最後のお別れの様に思うと心淋しい。もう九時三十分過ぎている。湊の人達はもう夢を結んでいるだろう。見送りに来たどの人も小さい時から御世話になった人ばかりだ。心強い。やがて上野行の列車がホームに入った。列車の人達は皆眠っている。車窓は暖かい列車の中の空気で曇っている。中に入った。ムッとする。腰を降ろす処もない。與五郎叔父達、懸命に座席を探しているが見つからない。色々な荷物を全部積んで愈々発車を待つばかりだ。刻一刻と迫ってくる。見送りの人達は色々注意して働けとか無理するなとか何もかも健康の事ばかり心配している。それに応える元気もない俺だ。ただ何でも良い返事しか出て来ない。

やがて汽車は意地悪く動き出した。皆に別れ言葉を云って兄さんと何もしない中に別れだ。満足に遊ぶ事も出来ない。たった二人の兄弟だ。この時俺はせめて握手でもしてと思って右手を兄の前に差し出した。兄も待っていたかの様に俺の手を力一杯握った。これが最後になるかと思えば俺も。お互いに握り合った。汽車は次第に速力を出してきた。(手を)握った儘、胸に込み上げてくるのを押えて兄の顔を見るが眼がかすんでぼんやり見えるだけだ。何とも言えない瞬間、気が狂いそうだ。ホームの人達もだんだん後ろへ後ろへ吸いこまれていく様に遠ざかって行く。ハンケチを力一杯大きく振る。兄達も懸命に何かを振っている。兄と握手した白分の手の平に兄の顔を思い全速で走る汽車の音が憎らしく耳に障《さわ》る。一路故郷を後に闇の中を呉へ呉へ、電柱の灯が車窓を廻り過ぎて行く。

兄

通り雨

車窓に当たって摧《くだ》ける雨をじっと見まもる。人家の灯は後ろへ後ろへ通り過ぎて行く。何《ど》の辺りを走っているのやら見当つかない。

冬

眼《まなぐ》コねぶて　考へれば
一年暮のア　チョットゴマ
あァしたゴト　あってたのも
こウしたゴトあってたのも
昨日だけんた　夢コだけんた

［訳――編者］

眼を閉じて　考えてもごらん

一年は暮れる　瞬きする一寸の間《ま》に

あの時あんなこと　あったよな

この時こんなこと　あったよね

でも　それはみんな昨日のこと

みんな夢の中のこと　だから

拾遺――日付のない断章

自分は何たる大馬鹿者だろうと我乍ら思う。自分は欲張るという卑しい心があるから失敗するんだ。一個求めたらそれで良い。ついでもう一個そして後悔、あとの後悔先に立たず。こんなことするより叔父の子供に学用品買ってやったら何んなに喜ぶことだろう。先を考えず無茶苦茶に金を使う野郎は無い。鏡を見る度に何処か足らない、常識を知らないところがある、又吾輩の痘瘡面《とうそうづら》、こんな顔で故郷に帰れるだろうか。

鏡を見る時、ああ何《ど》うでも良いと思った。

*

俺は何故こう貴重品等を落とすのだろう。久しぶりにカレーライスを食べて食堂を出て、余程歩いてハガキ買《こ》うてポケットに手を入れたが肝心の財布が無い。驚いて後戻りして食堂にて尋《と》うて見たがありそうもない。

金や財布が惜しくないが、衣料品が勿体なかった。まだ使って居《お》らない新品の儘《まま》だ。兄さんにタオルを買って送ってやろうと昨夜手の付けた事のないトランクから出して財布に入れたのだった。何という運だろう。賤《いや》しい職工ばかり通う道だ。ある訳はない。いや落とした者が悪いんだ。あまり自分は慌て者だからだ。もう呉に来て盗られたり落したりした金は四十円程ある。過ぎた事は嘆くまい。今後は絶対注意を怠《おこた》るまい。

*

今日は盆だそうだ。俺達には何《なん》も面白くない。故郷であれば楽しかったに違いない。今日は一日中部屋にいて暑中見舞書いた。夕方から盆踊りがあると云うので、たそがれる海辺をさまよい歩いている中に日はしっかり暮れた。島の家の灯が海面に影を落し、ゆらゆら揺れている水は静かだ。絵の様だ。カメラでもあれば撮ってやりたい。はるか島から盆踊り太鼓が聞えてくる。夕涼みし乍《なが》ら島へでも渡って踊りでも見ようと渡し船に乗った。月は山の間からくっきり見える。船が前に進むにしたがって月が山の頂きに見える。船頭の顔も青白い海面に映りユラユラ揺れてる。静かな処だ。海岸に沿って立ち並んだ家の灯も海面に細長く映り風光□の如

＊

死は易く、生は難い我等軍人には生死の問題より更に大きなものがある。腹を切るだけでは相済まないものがある。それは任務と云うものがあるからだ。任務の前には生死は無い。勝利か！　死か！　死に際しては天皇陛下万歳があるのみである。

＊

寒さも一週間ごとに厳しくなってきた。今週の寒さよりも来週はもっと寒いという工合に昨夜の寒さは本格的だった。骨迄沁みる様だ。これからこの寒さが毎日続くと思えば夜勤も嫌になってくる。外は星が一杯出ているが冷たい風が吹きまくってくる。ブルブルと身震いする。一億の民が今床の中で夢を結んでいる。猫も犬も鳥もあらゆる生物が。だが戦場では夜も無く

昼も無く尊い血を流して南の果てに北の果てに苦闘を続けているのだ。吾等産業人も亦《また》これに応じて不眠不休で生産戦を闘っているのだ。月を眺めて勇士の苦労を偲ぶ。

＊

人に金を貸したので己の小遣いも欠乏して散髪する金さえも無い。食べたいのも食わず我慢してきたが散髪だけはそうはいかない。或る友に散髪代五十銭を借りて男振りを上げた。理髪店で退屈まぎれに雑誌を手に取り頁をめくっていると、目に止ったのは「鬼畜米英の仮面を剝ぐ」という記事だった。

それには何と米英を殺しても倦《あ》きたらない事が書いてある。我が兵隊が体に重傷を負いジャングルの中を道に迷っていた。我が重傷者を発見した米兵。何の抵抗も出来ない重傷兵だ。こんな時我が勇士であるならば、我が武士道の精神によって救われるのだが、鬼畜米、後からローラーをもって轢《ひ》き殺したと云う。又、我が重傷者が歩く力もなく道に打ち伏している処を発見し、飛行基地の地均《じなら》しに使った後ローラーで轢き殺した。又或る兵が病魔に襲われているのを捕え針金で縛って水に入れ、その寒さにもがく有様を見て喜んでいる。ああ何たる残酷残忍な行為だ。口では言い尽せない。彼等こそ背広を着た青鬼赤鬼なのだ。或る参謀は日本刀の柄を折らんばかりに握りしめ奴等の生肝《いきぎも》を引きちぎっても。

*

門を出ると寒風が身を切る様に吹きつけてくる。ポケットに手を入れて歩くより駆足《かけあし》の方が良い。凍っている道を工場迄走り続ける。工場に着いた時は五体は汗でびっしょりだ。

注解

第一章

（1）**二千六百年**　一九四〇年十一月十日から十四日に行われた、紀元二六〇〇年祝典をさす。明治政府は日本紀元の元年を『日本書紀』の記述に基づき、西暦紀元より六六〇年前とした。以後、一九四六年八月十五日終戦の日まで公式に使用。十一月十日は皇居前広場で天皇・皇后を迎えて式典が執行され、これに合わせて各地域、職場、学校等で奉祝式が行われた。五日間にわたり、昼は旗行式、夜は提灯行列が市街に繰り出す。昼酒も芸妓の踊りも許され、赤飯用に糯米《もち》も特別配給された。十五日、国民統制組織である大政翼賛会は「祝ひ終った、さあ働かう！」とのポスターを張り出し、再び戦時生活に戻った。

（2）**会社**　木村鉛工所。一九二四年（大正十三年）大阪市西淀川区佃町に設立。創業者・木村秀吉。鉛工事の請負および硬鉛製機器の製造を行う。一九三九年（昭和十四年）尼崎市杭瀬に木村鉛鉄機械工業所として工場を新設。以降、鉛についての一貫体制を完備する。現・

木村化工機株式会社。

（3）**丸山先生**　丸山董《ただし》〔一八八三―一九六二〕、教育者。青森県三沢村（現・三沢市）出身。一九〇八年（明治四一年）、百石町（現・おいらせ町）の百石小学校校長となる。一九二四年（大正十三年）、三戸郡湊村の湊小学校（一九二九年（昭和四年）の市制施行後は、八戸市立湊小学校）校長に就任。以後、「湊の教育」に専心。一九三九年（昭和十四年）百石小学校校長時代の教え子である木村秀吉に熱望されて大阪に転出、木村青年学校校長となる。

（4）**尼崎《あまがさき》外出梅田野田《うめだのだ》**　尼崎は阪神工業地帯の主要な町。梅田は大阪・キタの繁華街。野田は梅田駅から二つ目の町。いずれも駅は阪神電鉄本線上にある。

（5）**元始祭《げんしさい》**　記紀の神話で、天照大神《あまてらすおおみかみ》の孫の瓊瓊杵尊《ににぎのみこと》が天照大神の命を受けて高天原《たかまがはら》から日向国の高千穂に天降《あまくだ》った「天孫降臨」を祝って、一月三日、宮中三殿（賢所《かしどころ》・皇霊殿・神殿）で天皇がみずから執り行う祭。

（6）**社長**　木村秀吉〔一八九八―一九七三〕、五戸村（現・青森県五戸町）出身。木村鉛工所の創業者。戦後は関西の実業家として名を馳せる。

（7）**送り**　機械が一回転するごとに工作物または工具が動く距離のこと。

（8）**手風琴《てふうきん》**　アコーディオンの和名。

（9）団体　国民を訓育し教導する社会教化団体をさす。
（10）鉄弥君　叔父・河村政次郎の長男、河村鉄弥〔一九二五―一九九〇〕。終戦後、故郷の地で板金業を営む。
（11）杭瀬駅　阪神本線にある、木村鉛工所の最寄りの駅。
（12）バイト〔bit〕　旋盤等に取り付けて金属を切り削る刃物。
（13）ガンヂー　マハトマ・ガンジー〔Mohandās K. Gāndhi, 一八六九―一九四八〕非暴力・不服従の抵抗思想を貫き、イスラム教とヒンドゥー教の融和に努めたインド独立運動の指導者。
（14）教練《きょうれん》　戦闘のための軍事訓練。
（15）舎監《しゃかん》　寄宿舎の監督者。
（16）査閲《さえつ》　軍事教育の成果を査閲官が実地検分すること。
（17）ブラケット〔bracket〕　L字型の支持材をさす。壁や柱に取り付けて梁《はり》や床、棚などを支える器具。
（18）スロッター〔slotter〕　曲線に沿って切り削ることに適した切削工具。
（19）シカル　材料を曲げやすくするために、溝をつける切削加工。シカル加工。
（20）鉛管場《えんかんじょう》　給水・排水・ガス等の配管に用いる鉛製の管の置き場。
（21）紀元節　一八七二年（明治五年）神武天皇即位の日を二月十一日として設定し、祝日とした。第二次大戦後、廃止されたが、一九六六年「建国記念日」という名で復活。

(22) **湊川神社《みなとがわ》** 神戸市中央区にある、楠木正成を主神とした社。水戸藩主・徳川光圀が碑を建立した地に一八七二年(明治五年)創建。

(23) **衣笠丸** 一九三六年(昭和十一年)竣工。日本と南方各地を往復する輸送船として運航。全長一三九・〇七メートル、最高速力一九・一ノット。

(24) **八甲田山《はっこうださん》** 青森県中部にある火山群。最高峰大岳は標高一五八四メートル。

(25) **興亜奉公日** 近衛文麿内閣[一九三七—一九三九]の「国家総動員法」(一九三八年)を受け、平沼騏一郎内閣[一九三九・一月—八月]が「国民精神総動員運動」を推進。その一環として、日中戦争が続く限り、一九三九年九月一日から毎月一日を「興亜奉公日」とすることを決定。この日は戦死者墓参、ネオン消灯、酒の販売禁止、一汁一菜、勤労奉仕などが実施された。

(26) **あっち** ストリップショーのこと。

(27) **徴用令** 一九三九年(昭和十四年)七月、平沼騏一郎内閣時代に公布された「国民徴用令」。近衛文麿内閣時代に制定された「国家総動員法」に基づき、軍需工場などに国民を強制的に動員し、一定の作業に従事させること。

(28) **木村青年学校** 「青年学校令」に基づいて、一九三七年(昭和十二年)頃に木村鉛工所が

設置した青年学校。所在地・大阪市西淀川区佃町四五五‐一。正式名称は「私立木村鉛鉄機械青年学校」。

(29) 橿原《かしはら》　奈良県中部の市。神武天皇の皇居と伝える記紀伝承の橿原宮の旧址をこの地に推定し、一八八九年（明治二二年）神武天皇を祀る橿原神宮を創建。

(30) 大劇《だいげき》　現・中央区千日前二丁目にあった大阪劇場のこと。当時、「大劇」と呼ばれ、大阪松竹歌劇団のレビューなどで知られた。客席数二七八〇席。一九六七年に閉鎖。

第二章

(1) 呉《くれ》　広島市の南東に位置。明治・大正・昭和にかけ、日本海軍の連合艦隊の一大拠点として屈指の軍港を擁し、各種戦艦、特殊潜航艇などが開発。戦艦大和は一九四一年（昭和十六年）に呉海軍工廠で建造された。

(2) 水雷部《すいらいぶ》　呉海軍工廠水雷部において、攻撃用の魚雷と、海底に仕掛けて敵艦を破壊・沈没させる防御用の機雷の二種を主に製造した。水中で爆発させて敵艦を破壊する特殊水雷艇の製造・開発にも取り組む。

（3）**阪神マート**　一九三三年（昭和八年）旧梅田停留所跡に開業。戦時中は敵性語として『マート』の使用を国から禁止され「阪神地下大店」と改称。現・阪神梅田本店。

（4）**工廠**　軍に直属し、兵器・弾薬などを製造する工場。

（5）**工廠神社**　呉海軍工廠の裏手に面した串山の頂上付近にある。現在、跡地に碑が残されている。

（6）**靖國神社**　国事に殉じた二五〇余万の霊を一つに合わせ祀った社。一八七九年（明治十二年）に旧称「招魂社」を改める。

（7）**臨時大祭**　皇室が執り行う祭祀。元始祭・皇霊祭・神殿祭・神武天皇祭・神嘗祭《かんなめさい》・新嘗祭・先帝祭など。また、伊勢神宮、その他の神社で行う重要な祭りもさす。

（8）**記念日**　一九〇五年（明治三八年）、日露戦争における日本海海戦の勝利を記念して制定された海軍記念日のこと。

（9）**練兵場**　小規模な訓練や一人ずつの各個教練を行う、兵営内に設けた広場。実践を想定した訓練の場合は、兵営から離れた広い軍用地を使用する。

（10）**二河《にこう》公園**　呉市二河町にある公園。当時、公園敷地の隣には呉海軍工廠の工員寮があった。春は桜の名所として賑わう。

（11）**新興音楽出版社**　楽譜などを出版・販売する音楽出版社。現・シンコーミュージックエンタテイメント。

(12) **セーパ**〔Shaper〕　バイト（刃物）の往復運動により、主として平面を削る工作機。シェーパともいう。

(13) **八太郎**《はったろう》　八戸市の北部に広がる臨海地帯。戦後は、臨海工業地帯に変貌。

(14) **東海の小島の磯の〜**　歌人・石川啄木〔一八八六―一九一二〕の代表的な歌集『一握の砂』（一九一〇）の劈頭に置かれた一首。

(15) **イノシシ**　明治発行の十円札。猪が描かれてあるところから、「イノシシ」と呼ばれた。

(16) **鈴蘭燈**《すずらんとう》　スズランの花をかたどった街灯。

(17) **竹下夢二**〔一八八四―一九三四〕　大正期にノスタルジックな抒情画で絶大な人気を博した挿絵画家。詩歌、童謡の作品も残す。代表作《黒船屋》。

(18) **慈悲心鳥**《じひしんちょう》　菊池寛の同名小説を元にした映画の主題歌「慈悲心鳥の歌」（一九三六年）。作詞・佐藤惣之助、作曲・古賀政男。

(19) **応召**《おうしょう》　兵籍にある者が招集に応じて指定地に参集すること。

(20) **ラジヤール**〔radial〕　「放射状の」という意味をもつ、代表的な工作機械の一つ。一般に「ラジアル」という。

(21) **体力検査**　一九四〇年（昭和十五年）「国民体力法」が制定され、十七歳から十九歳までの男子二三〇万人を対象に、未成年者の「体力検査」が義務化された。翌年、第二回の「体力検査」では対象年齢が引き下げられ、十五歳から十九歳までの男子三七〇万人に拡大。

(22) **メンタム** 塗り薬「メンソレータム」のこと。

(23) **活動** 映画のこと。「活動写真」の略。

(24) **広工廠** 一九二一年(大正十年)、広島県賀茂郡広村(現・呉市)に呉海軍工廠の支部として開設。一九二三年(大正十二年)広海軍工廠として独立。他の海軍工廠になかった航空機部、機関研究部などを置いて航空部門に特化する。

(25) **横須賀海軍工廠** 神奈川県三浦半島の東岸に位置。明治期に日本艦隊の根拠地として呉・佐世保・舞鶴のほか、横須賀に軍港を特設。各軍港に海軍司令部としての鎮守府が置かれ、工廠など各種の海軍施設が設置された。

(26) **ハカバ・アンサンブル** 寮生の仲間たちでつくった演奏グループか、それとも外部の音楽グループか、不詳。

(27) **音戸瀬戸**《おんどのせと》 呉市警固屋と対岸の倉橋島・呉市音戸町とのあいだにある海峡。現在、音戸大橋および第二音戸大橋がかかる。

(28) **江戸川乱歩** [一八九四—一九六五] 小説家。一九二三年『二銭銅貨』でデビュー。大正末期から昭和初期にかけてつぎつぎに意欲作を発表し、日本推理小説界の黎明期を切り拓いた。代表作に「人間椅子」、「屋根裏の散歩者」、「芋虫」などがある。

(29)**「月のデッキで」**　一九三九年、コロムビア発売の歌謡曲。作詞・髙橋掬太郎、作曲・明本京静、歌・霧島昇。

(30)**秀子**　映画女優・高峰秀子〔一九二四―二〇一〇〕のこと。戦中の主演作品に『綴方教室』(監督・山本嘉次郎、東宝、一九三八年)、『馬』(監督・山本嘉次郎、東宝、一九四一年)、戦後に『二十四の瞳』(監督・木下恵介、松竹、一九五四年)など。

(31)**八幡神社**　神仏混淆の「やわたの神」として古くから広く信仰された武運長久を司る祭神を祀った神社。

(32)**エノケン**　榎本健一〔一九〇四―一九七〇〕。東京・浅草を拠点に歌と踊りとコントのレビュー一座を発足。舞台や映画で活躍し、コメディアン、俳優として、全国的な人気者になる。愛称、エノケン。

(33)**防空日和**　敵機はよく晴れた星の見える夜に来襲することから、雲が覆って星が見えない暗い夜を本書の著者は「防空日和」と表現している。この語句が、当時一般に膾炙したものか否かは不明。

(34)**灯火管制**　夜間、敵機から空襲の標的にされるのを防ぐため、消灯または黒い布などで灯火を覆い隠すこと。

(35) **ボール盤**　盤上に載せた工作物にドリルで穴を穿つための工作機械の一つ。

(36) **映画『指導物語』**　一九四一年（昭和十六年）公開の東宝映画。監督。能谷久虎。出演・丸山定夫、藤田進、原節子。

(37) **下士**　下士官の旧称。当時の海軍では上等・一等・二等兵曹を、陸軍では曹長・軍曹・伍長をさす。

(38) **明治節**《めいじせつ》　明治天皇の誕生日。一九二八年（昭和三年）制定、四八年（昭和二三年）廃止。現在は「文化の日」（十一月三日）。

(39) **中之島**《なかのしま》　中之島公園。大阪市北区中之島にある大阪市初の市営公園。一八九一年（明治二四年）開園。中之島は堂島川と土佐堀川に挟まれた中州で、公園敷地内に公会堂、図書館、大阪市役所などがある。

(40) **的場寄宿舎**　本書の記述から必ずしも明らかではないが、呉海軍工廠の工員寮は堤寄宿舎のほかに、的場寄宿舎があり、なんらかの理由で的場寄宿舎の工員たちが移転してきたか。

(41) **「道」の本**　詳細不明。

(42) **中本工手と竹中工手**　工廠の仕事を受注する民間の請負業者の下で働く職工。工手は主に鉄道・電気関係の工事に従事する者をさす。

（43）**丙種合格**　徴兵検査では身長・体重・病気等の有無が検査され、兵役の適正および優劣の度合いを、甲・乙・丙・丁・戊《ぼ》の五段階に格付け。乙はさらに第一乙種、第二乙種、第三乙種に分かれる。丙種は「兵役には不適だが、国民兵役には適する」と類別されたグループ。戦局が悪化すると、兵員の不足から丙種も根こそぎ徴兵されることになった。

（44）**只今十一時**　一九四一年（昭和十六年）十二月八日。この日、日本時間の午前二時、日本陸軍はマレー半島に上陸を開始。それから一時間二〇分遅れて日本海軍はハワイ真珠湾を空襲。その後、午前四時二〇分、駐米大使野村吉三郎は米国のハル国務長官に日米交渉打ち切りを通告し、太平洋戦争が始まる。午前十一時四〇分、天皇による宣戦の勅書が公布された。

（45）**アルバム**　木村青年学校卒業を記念して、思い出の写真を貼りつけて構成した手作りのアルバムをさす。

（46）**定時も今日で終わり**　一九四一年（昭和十六年）元旦から始まった日記（本書）原本は、翌年の元旦、二日と続いて、一月四日付の記述で終わる。そして翌一九四二年の新たな日記を著者はふたたび元旦から書き始める。

（1）**大東亜戦争**　一九三七年（昭和十二年）七月七日、北京郊外で数十発の銃声が響いた。はじめは北支事変、のちに支那事変と改称された日中戦争が勃発。戦争が長期化する一方で、日本の南方進出が米国、英国、オランダ、オーストラリア等の連合国との軋轢を深めた。一九四一年（昭和十六年）十二月八日、日本のハワイ真珠湾攻撃により日米が開戦。アジア・太平洋戦争へと戦域が拡大する。初期は優勢だったものの、一九四二年（昭和十七年）のミッドウェー海戦の敗退によって日米間の海空戦力比が逆転。以降、日本の戦況は悪化の一途をたどる。一九四五年（昭和二十年）四月、都市爆撃が激化するなか、米軍が沖縄本島へ上陸。同年七月、日本政府はポツダム宣言に対して「黙殺」の談話を発表。翌八月、米国による原子爆弾投下、ソ連による対日宣戦布告と満州への進撃開始に及び、八月十五日、日本は無条件降伏した。同年九月二日、東京湾に浮かぶ米艦ミズーリ号艦上で、連合国に対する降伏文書に調印。日本軍は武装解除した。戦争中、日本では一貫して「大東亜戦争」と称した。

（2）**大詔奉戴日**《たいしょうほうたいび》　一九四二年（昭和十七年）、陸軍大将東条英機内閣の時代に決定（興亜奉公日は廃止)。当日は各戸に国旗掲揚をさせ、必勝祈願を行うことを義務づけた。

(3) **鯣**《するめ》 イカを開き、内臓を除いて平らにした干物。著者の故郷、八戸の特産品。

(4) **無文注文**《むもん》 想像上の注文の意。

(5) **散開** 銃砲を用いる火兵戦における陣形。傘型・横広・縦長などの戦闘の隊形がある。

(6) **修身公民**《しゅうしんこうみん》 修身は、天皇への忠誠心の涵養をテーマに仁・義・忠・孝などの徳目を教える教科。公民は修身で身につけた徳目を社会生活において実践するための必要な知識・態度の習得を目的とした教科。終戦後、廃止。

(7) **軍人勅諭** 一八八二年(明治十五年)明治天皇から陸海軍人に与えられた勅諭。軍隊は天皇に直属することを謳い、軍人の精神的支柱とされた。

(8) **切符制** 日米開戦の約九か月前の一九四一年四月に「生活必需物資統制令」が公布されて以降、ほとんどの物資に順次、配給制が拡大され、食料品には切符制、衣料品には点数切符制が実施された。

(9) **大東亜地図** 日米開戦後、ベストセラーとなった世界地図。地図の上に日本軍の進撃の跡をたどって、小さな日の丸を立てる。

(10) 「**男の純情**」 一九三六年、コロムビア発売の歌謡曲。作詞・佐藤惣之助、作曲・古賀政男、歌・藤山一郎。

(11) **暴戻**《ぼうれい》　道理にはずれ、人情に反していること。

(12) **七十日目**　二月十六日は日米開戦の日から数えて七〇日目にあたる。

(13) **慰労休暇にて帰郷す**　正確には五月二四日午前に八戸市湊町にある叔父の家に到着。「特記」に記されたメモは帰郷後に書き足されたと推定される。詳細は終章の注解(1)を参照。

(14) **聖寿**　天皇の齢《よわい》。

(15) **成田山**《なりたさん》**の御守**　千葉県北部にある成田市の新勝寺、通称・成田不動のお守り札。

(16) **中には赤飯が……**　神武天皇崩御の日とされる四月三日に、広島や呉では花見をする慣習があった。

(17) **「海軍労友」**　海軍工廠の工員向けの冊子。内容は不明。詩の掲載あり。発行・海軍艦政本部。

(18) **本国名古屋及び神戸が空襲**　一九四二年(昭和十七年)四月十八日、太平洋上の空母ホーネットから十六機の米陸軍爆撃機B25が発進、日本を初空襲する。午前〇時三〇分頃、東京上空に侵入し、最初の爆弾を投下。以後、横浜・川崎・横須賀・名古屋・四日市・神戸の軍事施設を狙って二一発の爆弾と一四六五発の焼夷弾を投下。予期せぬ奇襲攻撃に、政府も軍部も少なからぬ衝撃を受けた。

(19) **不良になりつつある**　当時、少年工の不良化が問題となり、この年の夏、不良青少年の一斉検挙が始まる。

(20) **自分の顔**　著者の顔には、大阪の「木村青年学校」時代に患ったと思われる痘瘡のあとがあった。

(21) **配給あれど**　配給と称されても、無料ではなく、配給切符と合わせて現金が必要だった。配給制は、日米開戦の約九か月前の一九四一年四月、「生活必需物資統制令」の公布により始まる。以降、ほとんどの物資に配給制が拡大され、食料品には切符制、衣料品には点数切符制が実施された。

(22) **刺網**《さしあみ》　魚を獲る網。海中に網を張って網目に魚を刺させ、からませて獲る。

(23) **「ああ誰か故郷を想はざる」**　一九四〇年（昭和十五年）、歌手・霧島昇が歌って大ヒットした「誰か故郷を想はざる」の一節。作詞・西條八十、作曲・古賀政男。

(24) **菜っ葉服**　青色の労働者服。

(25) **小倉**《こくら》　小倉織《こくらおり》の略。江戸時代の豊前小倉藩（現在の福岡県北九州市）の特産物で、良質で丈夫な綿織物。帯、袴、学生服などに使用された。

(26) **赤襷**《あかだすき》　召集令状によって駆り出された応召者が掛けた、赤色のたすき。

(27) **ノメノメ**　あつかましくも、の意。

第四章

（1）**七少年**　木村青年学校・一回生の生徒七名をさす。

（2）**『母の地図』**　一九四二年（昭和十七年）公開の東宝映画。監督・島津保次郎、主演・杉村春子。

（3）**兵役**　軍籍に編入されて軍務に就くこと。

（4）**兵科**　徴兵検査の際に身体の適性・力能に応じて充当された陸軍の兵種。歩兵・騎兵・戦車兵・野砲兵など。

（5）**宮島**　厳島の別称。

（6）**厳島**　広島湾南西部にある島。日本三景の一つ。島の主峰の北面は標高五三〇メートルの弥山原始林。北岸に、海中に社殿の立つ厳島神社と門前町宮島町がある。

（7）**国民服**　一九四〇年（昭和十五年）、紀元二六〇〇年祝典に合わせて、大日本帝国国民服令を公布。男子が着用すべきものとして帽子・儀礼章も合わせ制定。

（8）**面道**《めんどう》　長廊下の意。甲板の上に厚板を敷き、取りはずし可能な通路にしたもの。馬道《めどう》ともいう。

（9）**阪妻**《ばんつま》　映画俳優・板東妻三郎［一九〇一－一九五三］のこと。本名・田村伝吉。主演作品『雄呂血』(一九二五年)、『無法松の一生』(一九四三年)、『破れ太鼓』(一九四九年)など。通称「阪妻」。

(10) **森静子** [一九〇九―二〇〇四] 映画女優。『討たる者』(一九二四年、マキノ映画製作所)で坂東妻三郎と共演。

第五章

(1) **東奥日報** 一八八八年(明治二一年)創刊。主に青森県内で購読されている地方紙。一九四一年(昭和十六年)、八戸合同、弘前新聞、青森日報、東北タイムスの県内日刊紙を東奥日報に統合。一九四五年(昭和二十年)空襲で本社全焼するも、発行を継続。

(2) **丹前** 厚く綿を入れた、袖の広い防寒用の上着。縕袍《どてら》ともいう。

(3) **丹羽文雄**《にわふみお》[一九〇四―二〇〇五] 小説家。三重県四日市市出身。代表作に『蛇と鳩』(一九五三)、『親鸞』(一九六九)、『蓮如』(一九八二―八四)など。

(4) **電報発信して……** 召集令状は現在居住地ではなく、本籍地に通知される。

(5) **「海行かば」** 一九三七年(昭和十二年)、信時潔《のぶときさよし》[一八八七―一九六五、大阪出身]作曲の歌曲。NHKが始めた第一回国民唱歌として放送される。歌詞は万葉歌人・大伴家持の長歌の一節、「海行かば水漬《づ》く屍／山行かば草生《くさむ》す屍／大君の辺《へ》にこそ死なめ／顧みはせじ」。当時は「君が代」に次ぐ、準国歌と見なされた。

（6）**棚田町**　堤寄宿舎第二寮三十三号が置かれていた町。

終章

（1）**休暇**　一九四三年（昭和十八年）五月二二日から六月一日までの十日間（車中泊二日）の慰労休暇をさす。出発二二日、故郷到着二四日。（帰郷時の日記に登場する五月二七日の海軍記念日を起点に、逆算して割り出した日程）。呉に戻った日は六月一日と推定。

（2）**最前**　いましがた、先刻の意。

（3）**由比の浜**　静岡県中部、駿河湾に臨む。神奈川県鎌倉市の海岸とは別。

（4）**三友館**　一九〇七年（明治四〇年）に開業した東京・浅草の映画館。映画会社・吉沢商店（現在の日活の前身の一社）が建設、開業した。浅草オペラ全盛期（一九一七―一九二三）にはオペラを上演。一九四四年（昭和十九年）、建物疎開により取り壊される。一九五一年（昭和二六年）、同地を東洋興行が取得し、ストリップ劇場「フランス座」を開業。現在、「浅草フランス座演芸場東洋館」、通称・東洋館として営業。

（5）**浅草帝国館**　一九一〇年（明治四三年）に開業した東京・浅草の映画館。吉沢商店（前項参照）が開設した遊園地「ルナパーク」に内包する映画館としてオープン。一九二一年、松竹映画のフラッグシップ館となる。関東大震災（一九二三年）で壊滅するも復興し、一九八三年に閉鎖・廃業。

（6）**積石**《つみいし》　石を積み重ねて築く墓。積石塚。

（7）**尻内**《しりうち》　青森県八戸市尻内町にある駅。一八九一年に「尻内駅」として開業、一九七一年、駅名を「八戸駅」に改称した。市内中心部から離れた位置にある。

（8）**舘鼻**《たてはな》　八戸市新湊にある太平洋を望む岬。一九七〇年、この高台の地に八戸市湊地区の戦没者を慰霊する「忠魂碑」が建つ。

（9）**御前神社**《みさき》　八戸市にある、航海の神を祀る神社。祭神は応神天皇の母、神功皇后。年に一度、母神と子神が再会するという神事を行う。本書の日記が書かれた当時は、舘鼻公園の傍にあったが、一九九五年に同市小中野に移転。

（10）**休屋**《やすみや》　著者の生家の屋号。

（11）**湊**《みなと》　八戸市湊町。岩手県から青森県を流れる新井田川の河口東岸に位置する地区。主に漁業、水産業が盛んな地域。

（12）**合宿舎**　著者の兄が働いている、八戸市にある沖野日東化学工場の寄宿舎。

（13）**オキオキ**　もち粉に水を加えて練り、中央をへこませた白玉をつくり、それを茹でて、汁粉にして食する。地域によって「オギオギ」ともいう。

（14）**海軍記念日**　五月二七日。一九〇五年（明治三八年）、日露戦争における日本海海戦の勝利を記念して制定。戦後に廃止。

（15）**「ハットウ」**　小麦粉に水を加えて練り、熟成させて薄く伸ばした生地を茹でる。東北地方の郷土料理。小豆や枝豆などでつくった餡を絡めて餅のように食べたり、野菜や肉でつくった汁物に入れうどんのように食べるなど、地域によって調理法は様々。

（16）**両々**《りょうりょう》　両方、二つながらの意。

（17）**時中**《ときなか》　一時の半ば。現在の一時間をさす。

（18）**三日町**《みっかまち》　八戸市の中心市街。

（19）**気動車**《きどうしゃ》　内燃機関を原動機とする鉄道車両。ディーゼルカー。架線から供給される電気によって動く車両を電車と呼ぶのに対し、気動車は架線から電気を受けず、動力機関を有する車両。

編者あとがき

本書の最終校正が迫っていた二〇一八年四月の下旬、八戸の姉から電話が入った。

正雄さんの遺書が見つかった。すぐ郵便で送るので目を通してみて、と。それ以上のことは言わなかった。〔＊正雄は、編者とその姉の叔父。日記に登場する正雄の兄はふたりの父親。〕

遺書は二日後に、わたしの手許に届いた。

封筒には遺書とは別に、端を手でちぎった跡のある電信用の用紙が二枚。走り書きのある茶色い紙片。そのうち一枚には無造作に「突然で何も書けない。愈々《いよいよ》征く事になった」という書出しのものがあった。

遺書は兄から来た手紙の用箋の裏に、鉛筆で書かれていた。用箋は全部で六葉。罫線が引かれている表面には兄から弟への便りが黒インクで認《したた》められている。

編者の勝手な推測をいえば、兄が寄越した便りの裏をつかって最後の手紙を書き遺すという行為は、もしかしたら咄嗟の思いつきではないかもしれない。弱冠十八歳で孤独の向う側に行こうと、日記の人になった彼のことだから、遺書の衣裳はかねてから定めていたことにちがいない。

最後に遺した手紙は、戦地に出発する前日に書かれていた。

御手紙有難う。便りをもらったのは故国をはなれる最後の日だ。俺たちは永い期日演習に行く事になった。思えば兄を始め、親戚の皆様に色々御世話になり、何不自由もなくこんなに成長した事、嬉しく思って居ります。兵長殿から聞えた事と思う。俺は出来るだけ頑張った。

時計及び仁丹入れは俺の形見として置いて行く。御守り入れはルイ子にやってくれ。

この手紙を早く出したかったが、色々の都合で出せなかった。それで入隊以来、兄の様に俺の面倒を見てくれた戦友佐川甚五郎一等兵殿にこの手紙を依頼して行く。

この手紙が兄上の手許に届く頃は、日本の地には居ないだろう。佐川一等兵殿は俺の事は何でも知って居る。俺と思って会いに来たら良いだろう。

俺は今、男と生れた感激で胸は一杯だ。

何を書いて良いやら、さっぱり解らない。

意志薄弱な正雄は男になったよ。きっと兄上の広い肩巾《かたはば》の様な働きをする。

鉄弥も検査のため帰るだろう。

良い嫁をもらって父母を大事にせ、と伝えて下さい。

いちいち親戚の皆様に出したいが、書く暇が無い。叔父(政次郎)始め皆さまに宜敷く、暮々《くれぐれ》も頼む。

弟として兄上に御願いがある。それは面会の度《たび》に蒼白い兄上の顔が気になって仕様なかった。もっともっと張り切って下さい。これと、円満に暮す事切望致します。

全く明るい、そしてきれいな家だった。俺の事は何一つ心配してくれるな。大丈夫だ。

姉たちは俺を心配するに違いないが、本当に余計な事を心配しないで下さい。

正雄より

何度もくり返すが、御体に気をつけて下さい。
俺は生魚《なまうお》のように張り切っている。
　鉄弥に宜敷く
　彼女を大切にしろよ

戦争が終った翌年の七月、兄は日記につぎのようなことばを残した。

昭和二十一年七月三十一日、曇、雨
正雄戦死の公報受け、呆然として仏壇の前に立ちて、滂沱として流れ落ちる涙を如何ともする事出来ず、不幸なる弟に黙祷挙げん。

然しこの公報を信じたくなかった。

間違いであってくれ、夢であってくれと心で呼んだ。

たとえ片足片腕が無くとも、再度会える事を今日か明日かと、新聞の復員欄を見ては楽しみにしていたが願いの甲斐は一もなく、こんな悲報を受ける破目になってしまった。

正雄よ、お前は全く生れ乍《なが》らにして不幸を背負って来た様なものだった。

父母の慈愛も知らず、成長すると遠方に行き、兄弟顔を合わして楽しく談話をする事も無く、散り散りに生活を続けて来た。兄として何もしてやれなかった事を詫びる。

生き残った兄も淋しい。お前の写真を見乍ら生きて行く兄の気持ちを察してくれ。

そうして兄は己が半身をもぎとられ、引き裂かれた痛苦を負って戦後を生きることになった。戦争は生の破壊の傍らに、沈黙という無限の傷口をつくる。その沈黙の奥底に深々《しんしん》と埋《うず》まる無言の半身。いまやひとつ、またひとつ、記憶の痕跡が消されていく時、だれが喪《みも》の沈黙に倚《よ》りそいつづけることができるだろうか。

時はたとえどんなに流れても、けっして流れ去ることはない。その一つの手がかりとして、本書が読まれることを編者として切に願う。

*

本書の編纂にあたって、遺品の整理と年譜作成に必要な史料の収集と検証及び難読文字の読解は、もっぱら武部麗子氏が受けもった。日記原文の入力作業は、武部麗子氏の長女、武部真純氏の手による。本文及び注解の校正は食ジャーナリストの髙橋晶子氏が担当し、注解の作成にも加わった。本書全体の構成、序文、注解の文案作成、及び各作業の取りまとめは編者が担当した。

思いかえせば、編纂作業がはじまるかはじまらないかの微妙な時機に、小説家の佐藤究氏に激励にも似た助言を戴いたことが、戦時下の未成年の日記を書物として遺したいという編者の想いをいっそう鞏固なものにした。記してお礼を申し上げる。

また、いつもながら、友人たちの手を煩わせた。戦時中のラジオ放送についてご教示いただいた島田匠子氏、個人史の記憶をめぐる聞き書き経験を語っていただいた森ゆかり氏、定義不能な音楽を愛してやまない山崎泰浩氏。お名前を挙げて、方々への感謝の意を表したい。

さらに、最後の最後まで決めきれないで揺らいでいた表題について、小説家・佐々木譲氏が編者の面前で鮮やかに救出して見せた。一年になりなんとする本書編纂作業が終了した瞬間でもあった。改めて本書を支えてくれた皆様に心から深く感謝を申し上げる。

そしてなにより、兄、弟、姉の三人の絆を繫ぎ止め、支えてくれた長瀬家の皆様に、心からお礼を捧げたいと思う。

本書の刊行にあたって、お世話になった七月堂社主・知念明子氏に、最後に厚くお礼を申し上げておきたい。

二〇一八年八月一七日　父の命日の朝に

河村　悟

年譜

一九二三年（大正十二年）

三月十一日、青森県三戸郡湊村大字浜通字下條二十二番一号地〔現・八戸市湊町字下條二十二番地二号〕に、父・河村五郎、母・ことの次男として生まれる。兄姉には七歳年上の兄・與一郎、五歳年上の姉・カツ、姉・なみ（生後まもなく死亡）がいた。

●九月、関東大震災（マグニチュード七・九）が発生。

一九二五年（大正十四年）二歳

母・こと、病没。享年二十九歳

一九二六年（大正十五年）三歳

一月、父・五郎、船舶遭難事故に遭い、失踪宣告される。遺体未発見のまま、一九二九年（昭和四年）四月、死亡とみなされる。遭難時、三十一歳。

以降、祖母まつゑに養育される。
この年、姉カツ、小中野の長瀬喜蔵・ルイ夫妻に養女として引き取られる（?）。

一九二九年（昭和四年）**六歳**
●三月、三陸大地震（マグニチュード八・三）が発生、巨大津波が襲う。死者三〇〇八人。
●五月、八戸町、小中野町、湊町、鮫村を統合して八戸市が誕生。
●十月、世界恐慌始まる。

一九三〇年（昭和五年）**七歳**
四月、八戸市湊尋常高等小学校に入学。

一九三四年（昭和九年）**十一歳**
●東北地方、深刻な大飢饉に襲われる。
●九月、室戸台風が大阪に上陸。死者・行方不明者三〇三六人。

一九三六年（昭和十一年）**十三歳**

兄・與一郎、東京に職を求め故郷を出る（?）。

●二月、二・二六事件勃発。

一九三七年（**昭和十二年**）**十四歳**

八戸市湊尋常高等小学校を卒業。四月、大阪の私立木村鉛鉄機械青年学校（「木村青年学校」）の本科一年に入学。大阪で寄宿舎生活始まる。

●七月、盧溝橋事件に端を発し、日中戦争始まる。

一九三九年（**昭和十四年**）**十六歳**

祖母・まつゑ、逝去。享年七十一歳。

姉・カツ結婚（?）。

●七月、国民徴用令公布

●九月、ドイツ軍、ポーランドに侵攻。第二次世界大戦始まる。

一九四〇年（**昭和十五年**）**十七歳**

十二月、姉夫妻に長男・喜八が生まれる。

●九月、日独伊三国同盟締結。

一九四一年（昭和十六年）**十八歳**

三月三十日、木村青年学校一回生の卒業式が行われる。卒業後、同青年学校研究科に在籍。翌三十一日、大阪府私立青年学校連盟総裁知事閣で模範生の廉をもって表彰状及び記章の授与を受け、伊勢神宮参拝を命じられる。本書『日記１９４１‐１９４４』（表題『ひとりぼっちの戦争』）はこの年の元旦から始まる。

四月、徴用令状が届く。叔父夫婦と兄姉が大阪に駆けつける。丸山董校長の引率のもと、全員で奈良・橿原神宮に参拝。

四月十八日、新規徴用工員として呉海軍工廠水雷第二機械部に配属。

七月、堤寄宿舎第二寮三十三号に入寮。

兄・與一郎、上海渡航を断念。

●四月、尋常小学校を国民学校に改称。宮城遥拝や軍事教練を課す。

●十二月、日本軍によるハワイ真珠湾攻撃により、太平洋戦争始まる。

一九四二年（昭和十七年）**十九歳**

工廠主任より六か月精勤を表彰。
兄・與一郎、帰郷し、八戸市の沖野日東化学工場に勤務。
●六月、日本軍、ミッドウェー海戦に敗退。日本の主力航空母艦四隻、撃沈される。

一九四三年（**昭和十八年**）**二十歳**
五月、慰安休暇のため、故郷に十日間帰省。同月、精勤二か年・衆人の模範を理由に、呉海軍工廠から褒状を授与され表彰される。徴用満期二年が経過するが、徴用期間は延長される。
十月、兄・與一郎、同郷の加賀イソと結婚。
●六月、勤労動員命令（学徒・生徒は学業を休止して軍需生産に従事することを規定）。
●十二月、徴兵適齢を満十九歳に引き下げ。

一九四四年（**昭和十九年**）**二十一歳**
二月、呉海軍工廠から徴用工員として精勤二か年以上に及んだことを認められ、再び表彰される。
三月、召集の通知が呉海軍工廠に届く。即日、呉海軍工廠を退廠。一年前の帰省の日々を「永久に残す」ために、日記の余白に書き遺す。

同月、岩手県盛岡市北部二十一部隊藤田隊青柳班に初年兵として入営。戦地に赴く前、盛岡で兄夫婦と最後の邂逅の時を過ごしたと伝えられる。後日、兄は叔母の長瀬ルイと親戚の津村フクとその子供の四人で再び盛岡へ行くが、面会は叶わなかった。

六月、広島市南部の陸軍輸送基地・宇品港〔現・広島港〕に向けて部隊移動。

七月、フィリピン・マニラへ出発。同月十五日、マニラ湾突入、上陸。

独立混成第五十八旅団（盟兵団）工兵隊配属。

一九四五年（昭和二十年）**満二十一歳**

二月二十五日、フィリピン北部ルソン島パンガシナン州キャンプ二に於いて、戦闘中、右胸部貫通銃創を受け、戦死。時刻不明。享年満二十一歳。遺骨は戻らなかった。

四月一日付で、一九四五年一月十九日の夜戦における戦闘行為に対して、独立混成第五十八旅団工兵隊の隊員八名に軍司令官より感状が授与される。

戦死の報告は一九四六年七月、青森地方世話部長よりもたらされた。

二〇〇八年（平成二十年）

十月一六日、日記一巻が兄・與一郎の自宅で見つかる。

二〇一〇年（平成二二年）

十一月九日、姉・長瀬カツ、逝去。享年八十八歳。

二〇一七年（平成二九年）

八月十七日、兄・河村與一郎、逝去。享年一〇二歳。翌十八日、通夜の準備のさなかに、與一郎の長女・武部麗子によって二巻目の日記が発見される。このとき、與一郎の日記と手紙の束が一緒に見つかる。

二〇一八年（平成三十年）

四月二十五日、兄・與一郎の遺品のなかから、河村正雄の遺書が見つかる。遺書は、兄が弟・正雄へ宛てた手紙（便箋六枚）の裏面に書かれていた。

参考文献

＊毎日新聞社編『新装版日本の戦争1　満州国の幻影』毎日新聞社、二〇一〇年
＊毎日新聞社編『新装版日本の戦争2　太平洋戦争』毎日新聞社、二〇一〇年
＊神田文人編『昭和史年表〔完結版〕』小学館、一九八六年
＊吉田裕『日本軍兵士―アジア・太平洋戦争の現実』中央公論新社、二〇一七年
＊三國一朗『戦中用語集』岩波書店、一九八五年
＊寺田近雄『完本　日本軍隊用語集』学研パブリッシング、二〇一一年
＊井口光雄『激闘ルソン戦記』光人社、二〇〇八年
＊高木俊朗『ルソン戦記　ベンゲット道』上・下　文藝春秋、一九八九年
＊黒岩正幸『インパール兵隊戦記』光人社、二〇〇四年
＊栗原俊雄『特攻―戦争と日本人』中央公論新社、二〇一五年
＊服部卓四郎『大東亜戦争全史』原書房、一九九三年
＊清水晶『戦争と映画』社会思想社、一九九四年
＊こうの史代『この世界の片隅に』上・中・下　双葉社、二〇〇八―二〇〇九年

＊奥村剛『呉・江田島・広島　戦争遺跡ガイドブック』光人社、二〇〇九年
＊山本正身『日本教育史』慶応義塾大学出版会、二〇一四年
＊清沢洌『暗黒日記１９４２―１９４５』山本義彦編、岩波書店、一九九〇年
＊山本七平『下級将校の見た帝国陸軍』文春文庫、一九八七年
＊石川啄木『一握の砂・悲しき玩具』金田一京助編、新潮社、一九五二年
＊吉田初三郎『八戸市鳥瞰図復刻版』八戸市鳥瞰図刊行会、二〇〇六年

ひとりぽっちの戦争《せんそう》日記《にっき》 1941-1944

二〇一八年一一月九日　初版第一刷発行

著　者　河村正雄《かわむらまさお》

編　者　河村悟

発行者　知念明子

発行所　七月堂
〒一五六―〇〇四三　東京都世田谷区松原二―二六―六
電話　〇三―三三二五―五七一七
FAX　〇三―三三二五―五七三一

印　刷　タイヨー美術印刷

製　本　井関製本

©2018 Kawamura Masao
Printed in Japan
ISBN 978-4-87944-340-3 C0095
乱丁本・落丁本はお取り替えいたします。